Mimesis
René Girard: Zur Erklärung der Kultur

Johannes Eichwede

Mimesis
René Girard: Zur Erklärung der Kultur

Dieses Werk ist in allen seinen Teilen urheberrechtlich geschützt.
Es darf ohne Zustimmung des Verlages in keiner Form
(Fotokopie, Mikrofilm oder ein anderes Verfahren) reproduziert
oder unter Verwendung elektronischer Systeme
verarbeitet, vervielfältigt oder verbreitet werden.

© 2012 Europäischer Hochschulverlag GmbH & Co KG,
Fahrenheitstr. 1, 28359 Bremen

Coverbilder:
Invitation to Imitation © danielliev (flickr)
Autorenporträt © Janna Schmidt

Printed in Germany
ISBN: 978-3-86741-777-8

www.eh-verlag.de
office@eh-verlag.de

Acknowledgement / Ein Wort des Dankes		7
1	Einleitung	9
2	Zur Person René Girard	14
3	Die mimetische Theorie	18
	3.1 Exkurs: Geschichtliche Einordnung des Mimesis-Begriffs und Hintergrund	18
	3.2 Der Mimesis-Begriff bei René Girard	25
	3.3 Der Begriff des Begehrens (desire) bei René Girard	27
	3.4 Verlangen ist Nachahmung (desire is mimetic)	30
	3.5 Das trianguläre Begehren	37
	3.5.1 Externe und interne Vermittlung	40
	3.5.2 Versuch einer Zwischenbilanz, Brückenschlag zur Moderne und die Frage nach der Relevanz	47
	3.6 Das mimetische Begehren und die Frage nach dem Verständnis von Gewalt bei Girard	49
	3.6.1 Was mimetische Rivalität bedeutet und wie sie zu Konflikt und Gewalt führt	49
	3.6.2 Das Heilige und die Gewalt	52
	3.6.3 Gewalt und Religion	55
	3.6.4 Opfer, Opferung und Gewalt	56
4	Der Sündenbockmechanismus	57
	4.1 Der Begriff des *Sündenbocks*	59
	4.2 Der *Sündenbockmechanismus*	60
5	Girard und die Theologie des Christentums	65
	5.1 Girard und Theologie	65
	5.2 Altes Testament, Neues Testament und die Evangelien	66

6	**Mythos und Ritual bei René Girard**	74
6.1	Zum Mythos und zum Ritual	75
6.2	Romulus und Remus: Zum Gründungsmythos Roms	76
6.3	Der *Ödipuskomplex*	78
6.4	Jesus als Sündenbock. Oder auch: Der Fehler im historischen Christentum	83
6.5	Exkurs: Zum (aktuellen) Verhältnis von Girard und der katholischen Kirche als Institution	85

7	**Zum Schlüsselcharakter der Literatur**	90

8	**René Girard in der gegenwärtigen Welt**	93
8.1	Zum Universalitätsanspruch der mimetischen Theorie	93
8.2	Einfluss, Zustimmung und Kritik	95
8.3	Die Aktualität der mimetischen Theorie René Girards	102
8.3.1	Werbung und kulturelle Phänomene durch Nachahmung	103
8.3.2	Mimetische Rivalität. 9/11: Der 11. September 2001	109
8.3.3	Girards Theorie als Anstoß zur Interpretation von Kultur: Christopher Nolans »The Dark Knight«	118

9	**Zusammenfassung, Kritik, Ausblick**	121
9.1	Schlussbemerkung	126
9.2	Fragen an René Girard	130

Dokumentarischer Anhang – Girards Theorie aus seiner eigenen Sicht — 134

Auszüge aus Battling to the End (2010) — 134

Literatur, die in besonderer Weise zum Einstieg in die Thematik geeignet ist — 138

Literatur — 139

Acknowledgement / Ein Wort des Dankes

Keine Arbeit wird alleine geschrieben, wenngleich der Autor allein die Verantwortung trägt. So haben auch mir viele geholfen. Sei es, indem sie mit mir die Thesen Girards und meine Versuche der Interpretation diskutiert haben, sei es, dass sie mir Literaturhinweise gegeben oder Lücken in meiner Argumentation angemerkt haben, sei es, dass sie schließlich bereit waren, die unterschiedlichen Varianten meines Manuskriptes zu lesen. Nicht wenige haben mir geholfen, Phasen des Zweifels und des Stresses zu überwinden. Manche mussten auch meine Launen ertragen.

An erster Stelle gilt mein Dank Dr. Rainer Stollmann, der im Fachbereich Kulturwissenschaften der Universität Bremen meine Magisterarbeit betreut hat. Auf ihr basiert die vorliegende Studie. Herr Stollmann hat mich nicht nur zu diesem Thema inspiriert, sondern hat sie mit Rat und Tat begleitet. Ebenso möchte ich mich bei Prof. Dr. Inge Marszolek bedanken, die als Zweitgutachterin immer für mich da war.

Besonderer Dank gilt auch Angela Bublitz (Marquette University, Milwaukee, Wisconsin, USA) für die moralische Unterstützung, die notwendige Ablenkung und für die Hilfe bei der Beschaffung von Materialien, an die ich ohne sie nicht gelangt wäre. Ebenso Kristina Beyer (endlose Stunden in der Bibliothek), ohne deren Hilfe Word mich in den Wahnsinn getrieben hätte, sowie Jens Borchers und Michael Wiedebusch (alle Universität Bremen), die mir halfen, manchen Frust zu überwinden, und immer zur Verfügung standen, wenn guter Rat teuer war.

Die Liste derer, die mir zur Seite gestanden haben, ist noch viel länger. Ihn allen sei gedankt.

Dass der Europäische Hochschulverlag Interesse an meiner Arbeit gefunden hat, freut mich außerordentlich und ist eine Ermunterung, an den hier aufgeworfenen Fragen weiter zu forschen.

In gewissem Sinne kann die Arbeit als Ergebnis meines Studiums gesehen werden, das mir meine Eltern ermöglicht haben. Dass ich ihnen danke, versteht sich von selbst.

1 Einleitung

> »*In the science of [man] and culture today there is a unilateral swerve away from anything that could be called mimicry, imitation, or mimesis. And yet there is nothing, or next to nothing, in human behavior that is not learned, and all learning is based on imitation. If human beings suddenly ceased imitating, all forms of culture would vanish.*«[1]

Die *mimetische Theorie*[2] ist das Werk des französisch-amerikanischen Kulturanthropologen, Literatur- und Religionswissenschaftlers René Girard. Mit ihr verbinden sich nicht wenig Fragen. Girard genießt als Außenseiter Weltruhm, wird aber in den großen kulturwissenschaftlichen Diskursen unserer Zeit kaum zitiert [Diskurstheorien, linguistic turn, cultural studies, Psychoanalyse, Materialismus, Dekonstruktivismus]. Ja, in Deutschland ist Girard nur einem kleinen Kreis von Eingeweihten bekannt[3], während er in Frankreich, aber auch in den USA als origineller [kontroverser] Denker anerkannt ist. 2005 wurde er gar in die Académie Française aufgenommen, eine Auszeich-

---

[1] Girard, René, Things Hidden Since the Foundation of the World. London 1987, S. 7. Anmerkung: Sollte es innerhalb der Fußnoten zu Abweichungen in der Form der Literaturangaben kommen, erklären sie sich daraus, dass im Zweifelsfall die von den Zeitschriften selbst verwendete bibliografische Referenz genommen wurde.

[2] Anmerkung: Die *mimetische Theorie* Girards wird auch als »Anthropology of the Cross« bezeichnet, vgl. dazu: Hamerton-Kelly, Robert, Reason and Violence in Girards Mimetic Theory. The Anthropology of the Cross. Stanford 2009.

[3] Anmerkung: Allen voran Wolfgang Palaver.

nung, die nur wenigen zu Teil wird und die höchstmögliche für einen Intellektuellen in Frankreich darstellt.

Seine Theorie umspannt – ihrem eigenen Anspruch nach – die gesamte Geschichte und versteht sich als Beitrag zum Verständnis der Moderne. Warum wird er dennoch bei uns nur am Rande rezipiert? Es ist diese Diskrepanz, die mich reizte, seiner Theorie im Einzelnen nachzugehen, und mir zeitweise das Gefühl gab, eine »kleine Pionierarbeit« zu leisten. Zumeist wird Girard von Religions- und Literaturwissenschaftlern zitiert. Mein eigener Bezugsrahmen jedoch ist ein kulturwissenschaftlicher. So hoffe ich, ihn nicht nur in der Breite seiner Themen zu erfassen, sondern seine Bedeutung für die Interpretation kultureller Kontexte und Zusammenhänge aufzeigen zu können.

Um dies zu erreichen, muss zunächst ein Überblick über die Grundlagen der mimetischen Theorie und über einzelne ihrer zentralen Aspekte und Begriffe gegeben werden. Da sie auf sehr verschiedenartige Bereiche des (kulturellen) Lebens angewendet werden kann (und auch von Girard selbst angewendet wird), ist es nicht das Ziel, das Gesamtwerk René Girards in seiner ganzen Komplexität erschöpfend zu diskutieren. Vielmehr soll die vorliegende Arbeit dem Leser die Grundzüge und Schlüsselthemen vermitteln. Dabei bemüht sich der Autor, stets eine kritische Distanz zu wahren.

Nach einer kurzen biografischen Skizze René Girards (Kapitel 2) und erläuternden Worten zum Hintergrund sowie zur Entstehung der mimetischen Theorie wird zunächst der Versuch unternommen, diese in ihren Grundzügen darzulegen (Kapitel 3). Anschließend wird auf den Begriff des *Sündenbockmechanis-*

mus eingegangen (Kapitel 4), bevor explizit das Verhältnis von Girard zum Christentum bzw. zum Katholizismus und zur Theologie beleuchtet werden soll (Kapitel 5). Während der folgende Teil eine genauere Betrachtung der Begriffe Mythos und Ritual zum Gegenstand hat (Kapitel 6) und anschließend die Funktion der Literatur im Werk Girards noch einmal resümiert wird (Kapitel 7), sollen schließlich die Rezeption und Weiterentwicklung der Theorie sowie die Diskussion von Gegenwartsproblemen thematisiert werden (Kapitel 8). Abgerundet wird die Arbeit durch den Versuch einer Zusammenfassung und einer Bilanz (Kapitel 9). In einem kleinen dokumentarischen Anhang findet sich Girards Blick auf sein eigenes Werk.

Ihren Anfang findet die mimetische Theorie Girards in der Literatur mit seinem ersten Hauptwerk *Mensonge romanesque et vérité romantique* (Girard 1961, engl. 1965: *Deceit, Desire and the Novel: Self and Other in Literary Structure*, dt. 1998: *Figuren des Begehrens. Das Selbst und der Andere in der fiktionalen Realität*)[4]. In seiner zwei Jahre später erschienenen Schrift *Dostoievski. Du double à l'unité* (Girard 1963) entwickelt er seine Theorie von der Bedeutung des mimetischen Begehrens für den Menschen weiter. Im Verlaufe seiner akademischen Karriere und seiner Veröffentlichungen verfeinert er die mimetische Theorie stetig, treibt sie voran und überträgt sie auf andere Bereiche wie z. B. die Anthropologie und Kulturtheorie. Dies ist Inhalt seines zweiten

---

[4] Anmerkung: Sämtliche Buchveröffentlichungen René Girards (Erscheinungsjahr, Titel) werden aus Gründen der Illustration direkt im Text sowie in den Sprachen Französisch, Englisch, Deutsch angegeben. Für genauere Angaben ist gegebenenfalls noch eine Fußnote hinzugefügt.

Hauptwerks *La violence et le sacré* (Girard 1972, eng. 1977: *Violence and the Sacred*, dt. 1987: *Das Heilige und die Gewalt*[5]).

Als drittes Hauptwerk Girards wird *Des choses cachées depuis la fondation du monde* (Girard 1978, engl. 1987: *Things Hidden Since the Foundation of the World*, dt. nach Teilübersetzung 1983-2009: *Das Ende der Gewalt. Analyse des Menschheitsverhängnisses*) gesehen, welches eine bedeutsame Weiterentwicklung seiner Theorie markiert, indem sie auf die Interpretation biblischer Texte ausgedehnt wird.

Zunächst jedoch ist es erforderlich, einige der zentralen Fragen zu erörtern, die sich bei der Beschäftigung mit Girards Werk auftun:

Was versteht Girard unter Nachahmung und Begehren?

Was ist mimetisches Begehren?

Wie definiert er mimetisch?

Was heißt überhaupt nachahmen?

Ist Nachahmung gleich Identifikation?

Die Theorie René Girards hat die Frage, wie menschliche Gesellschaften funktionieren, zum Gegenstand. Wie prägt die Mimesis unsere menschlichen Beziehungen? Und welchen Einfluss hat

---

[5] Anmerkung: Die Übersetzung aus dem Französischen ins Deutsche ist nicht ganz richtig. Während »le sacré« hier mit »das Heilige« übersetzt wurde, hätte es eigentlich mit »das Sakrale« übersetzt werden müssen; im Gegensatz zum Heiligen ist »sacré« von »saint« zu differenzieren. Vgl. dazu auch: Lévinas, Emmanuel, Vom Sakralen zum Heiligen. Fünf neue Talmund-Lesungen. Frankfurt/Main 1998.

sie auf Phänomene wie Liebe, Rivalität, Eifersucht, Sexualität, Neid, Eitelkeit, Stolz, Hass, Gewalt?

Im Zentrum der Theorie steht der Begriff des *mimetischen Begehrens*: Der Mensch begehrt nur das, was auch ein anderer Mensch begehrt. Aus dieser Konstellation resultieren Rivalität und Gründungsgewalt, die seit jeher in menschlichen Gesellschaften zu finden ist und einen immer wiederkehrenden Kreislauf darstellt: Ein Sündenbock, der zur Lösung der aus der Rivalität entstandenen Krise herhalten muss, wird geopfert, die Krise ist auf Zeit beseitigt. So könnte die These Girards vielleicht umrissen und zusammengefasst werden. Hinter seinen Gedanken steckt aber viel mehr, als sich auf den ersten Blick hin vermuten lässt, denn Girards Theorie greift in die unterschiedlichsten Bereiche menschlichen und gesellschaftlichen Lebens ein. Sie versteht sich als eine Theorie zu Gewalt, Religion und Grundlagen menschlicher Existenz, zur Konstruktion von Sündenböcken und Rivalen, kurzum: als eine Theorie zu den Anfängen der Kultur.

Das Gesamtwerk des Kulturphilosophen zu würdigen, würde den Rahmen dieser Studie sprengen. Ihr Ziel ist dennoch, einen Einblick in Entstehung und Entwicklung seines theoretischen Entwurfs zu vermitteln, ihn in den wissenschaftlichen Diskurs einzuordnen und seine Tragweite (Wirkung) abzumessen.

2 ZUR PERSON RENÉ GIRARD

René Girard wurde am 24. Dezember 1923 in Avignon, Frankreich, geboren. Er studierte zunächst an der École des Chartes in Paris mittelalterliche Handschriftenkunde, bevor er 1947 promovierte. Girard entschloss sich, in die USA zu gehen, um dort an der Indiana University Zeitgeschichte zu studieren. Nachdem er im Jahre 1950 seinen PhD in Geschichte erhielt, wurde ihm eine Stelle als Professor für französische Literatur angeboten – und nicht für Geschichte, wie es sein Werdegang zum damaligen Zeitpunkt vermuten ließ. Dieser Schritt – vom Geschichts- zum Literaturprofessor – war prägend für den weiteren Verlauf von Girards akademischer Laufbahn: Die Literatur erwies

René Girard

sich als Basis und Quelle »seiner« mimetischen Theorie. In den Jahren 1948/49 gab Girard Kurse zu »französischen Romanen in englischer Übersetzung«, um sich insbesondere mit Autoren wie Gustave Flaubert, Henri Stendhal, Marcel Proust, aber darüber hinaus auch mit dem Spanier Miguel de Cervantes Saavedra, und deren Werken zu beschäftigen. Im Gegensatz zu der Vorgehensweise vieler Literaturkritiker, die Werke auf ihre Unterschiede hin analysieren, stellte Girard die Frage nach den Gemeinsamkeiten. Er kam zu dem Schluss, dass – den russischen Romanautor Fjodor Michailowitsch Dostojewski hinzugenommen – jeden dieser Schriftsteller dieselbe grundlegende Dynamik beschäftigte: der Ursprung von Konflikten in der menschlichen Begierde.

Die Literatur entwickelte sich nicht nur zum wichtigsten Baustein seiner Theorie, mit ihr verband sich auch eine tiefgreifende persönliche Wandlung – Girards Hinwendung zum Christentum und Evangelium[6]. Er stellte fest, dass eben jene Autoren in ihrem Leben und ihren Werken selbst eine Wandlung durchliefen, »sich vom eigenen Stolz abzukehren und sich als eine Marionette mimetischer Begierden zu erkennen«[7]. Von hoher lebensgeschichtlicher Bedeutung war, dass Girard (nahezu gleichzeitig) an Krebs erkrankte, was für ihn »a real Easter experience, a death and resurrection experience«[8] darstellte.

Girards erstes Buch *Deceit, Desire and the Novel*, fasste die Ergebnisse seiner Entdeckungen zusammen, gab seiner Theorie über nachahmende Begierde, Konflikt und Gewalttätigkeit erste Konturen. In den Folgejahren beschäftigte er sich weiterhin mit den Feldern der Literatur, Anthropologie, Mythologie sowie einer Exegese der Bibel. Er ging der Frage nach, wie Konflikte durch die Kreierung von Sündenböcken und Opfermechanismen gelöst werden. Dabei ziehen Girards Theorie und seine Einblicke

---

[6] Girard, René, The Girard Reader. Edited by James G. Williams. New York 1996, S. 283ff.
[7] Palaver, Wolfgang, René Girards mimetische Theorie. Im Kontext kulturtheoretischer und gesellschaftspolitischer Fragen. München 2008, S. 22.
[8] Kirwan, Michael, Discovering Girard. London 2004, S. 16.

die unterschiedlichsten Disziplinen heran: Geschichte, Literatur, Psychologie, Anthropologie, Linguistik, Theologie.

Auch wenn Girards Wurzeln nach vorherrschender Meinung primär in den Literatur- und Religionswissenschaften verortet sind, ist es doch schwierig, seine Theorie bestimmten Disziplinen zu zuordnen. Die einen mögen ihn als Religionstheoretiker, Philosophen oder Literaturwissenschaftler sehen, die anderen als Literaturwissenschaftler und Anthropologen, aber nicht als Philosophen. Ist er nun Literaturhistoriker, Kulturtheoretiker, Philosoph, Soziologe, Politologe oder etwa Theologe?

Er ist einer der Autoren, die in keine dieser vorbestimmten, vorgegebenen Schubladen wirklich hineinpassen. Oder, um es in den Worten von Raymund Schwager zu sagen: »[Girard ist] Keines von allem und doch alles zugleich! Ist er ein Revolutionär oder ein Verteidiger des Alten? Beides in einem! Er paßt in keine Mode, obwohl er in Frankreich für einen kurzen Augenblick groß in Mode war.«[9]

René Girard sagt über sich selbst, dass er zu den Autoren gehört, die immer wieder über das gleiche Thema schreiben. Gemeint ist, dass er die gleichen grundlegenden Gedanken und Thesen in neue Kontexte setzt, stetig auf der Suche nach neuen Anhaltspunkten, Hinweisen und Querverbindungen, um so die mimetische Theorie zu erweitern und zu ergänzen. Aus diesen Gründen charakterisiert ihn Michael Kirwan in seinem Buch *Discovering Girard* als einen »detective« oder »spy-catcher«.[10] Girard be-

---

[9] Schwager, Raymund, Vorwort, in: Girard, René, Wenn all das beginnt ... Dialog mit Michel Treguer. Thaur 1997, S. 7.
[10] Vgl. Kirwan, Michael, Discovering Girard, S. 1.

zeichnet seine Veröffentlichungen, sein Werk, seine mimetische Theorie in ihrer Gesamtheit als einen *Thriller*: »[...] I think one needs to read [my work] like a thriller. All the elements are given at the beginning, but it is necessary to read to the very end for the meaning to become completely apparent.«[11]

---

[11] Girard, René, Celui par qui le scandale arrive, pp. 87-8. Zitiert nach: Kirwan, Michael, Discovering Girard. London 2004, S. 1.

3 Die mimetische Theorie

> »Jede Begierde ist der Wunsch, zu sein.«
> »Mimetic Desire is human relations.«
> (René Girard)[12]

3.1 Exkurs: Geschichtliche Einordnung des Mimesis-Begriffs und Hintergrund

Der Begriff der *Mimesis* hat seinen Ursprung in der Antike. Auch dort wird ihm eine zentrale Bedeutung für das menschliche Leben beigemessen. Sowohl bei Aristoteles in seiner *Poetik* als auch in der *Politeia*, dem Hauptwerk seines Lehrers Platon, findet der Mimesis-Begriff Beachtung. Nach Aristoteles unterscheidet sich der Mensch dadurch von den übrigen Lebewesen, »daß er in besonderem Maße zur Nachahmung befähigt ist und seine ersten Kenntnisse durch Nachahmung erwirbt«[13]. Das Nachahmen ist dem Menschen gleichsam angeboren. Für Aristoteles ist der Mimesis-Begriff »die Nachahmung im Sinne der Poetik«, d. h., er sieht die Dichtung als Nachahmung von han-

---

[12] A conversation with Professor René Girard about his theory of mimetic desire. Entitled Opinions (about Life and Literature) by Robert Harrison, Stanford University, 17. September 2005.

[13] Vgl. Aristoteles, Poetik 1448b5. Und: Aristoteles, Hauptwerke. Leipzig 1938, S. 340-341: »[D]er Nachahmungstrieb ist dem Menschen von Kindheit an angeboren, und dadurch unterscheidet er sich von den übrigen lebenden Wesen, daß er am meisten Lust zur Nachahmung hat und daß er seine ersten Fertigkeiten durch Nachahmung erwirbt, und dann haben alle Menschen Freude an der Kunst der Nachahmung. Beweis dafür ist die Erfahrung [...] die wir an uns machen.«

delnden Menschen.[14] Mimesis bedeutet nicht allein das Nachschaffen von Vorgefundenem, sondern auch die Veränderung, die Verbesserung und Universalisierung/Verallgemeinerung spezifischer Eigenschaften. Die Dichtung sieht Aristoteles als entscheidend an, denn in ihr bewirkt die Mimesis das Mögliche und das Allgemeine.[15] So schreibt Gebauer: »In der mimetischen Aneignung von Vorgegebenen gestaltet die Einbildungskraft des Rezipienten den Nachahmungsprozess mit, sodass im Nachahmenden das Vorgegebene eine neue Qualität gewinnt.«[16] Die Bedeutung und die Wesentlichkeit des Mimesis-Begriffs der Antike wird bei Girard auch dadurch unterstrichen, dass er gleich zu Anfang seines dritten Hauptwerks *Das Ende der Gewalt* ein Zitat von Aristoteles (»Der Mensch unterscheidet sich von anderen Lebewesen darin, dass er am nachahmungsfähigsten ist«[17]) voranstellt.

Platon hingegen versteht unter Mimesis die »nachahmende Rede«[18] und nicht die Erzählung, er reduziert die Mimesis auf Äußerlichkeiten wie Gestik und Mimik, auf Erscheinung und Darstellung, sowie auf alle Formen des Scheins[19]. Hier freilich kritisiert Girard an Platon, dass dessen Mimesis-Konzept »consist-

---

[14] Vgl. Aristoteles, Poetik 1448a1.
[15] Vgl. Gebauer, Gunter, Wulf, Christoph, Mimetische Weltzugänge. Soziales Handeln, Rituale und Spiele, ästhetische Produktionen. Stuttgart 2003, S. 15.
[16] Gebauer, Gunter, Wulf, Christoph, Mimetische Weltzugänge. Soziales Handeln, Rituale und Spiele, ästhetische Produktionen. Stuttgart 2003, S. 15.
[17] Girard, René, Das Ende der Gewalt, S. 13.
[18] Vgl. Platon, Staat 393c.
[19] Vgl. Platon, Staat 393c.

ently limited to representation«[20] sei; er vermisse bei Platon »any reference to kinds of behaviour involved in appropriation«[21], also zur Aneignung bzw. zum Aneignungsaspekt. Platon befasse sich »immer nur mit bestimmten Arten von Verhaltensweisen, von individuellen oder kollektiven Gewohnheiten, Worten, Redensarten – stets Repräsentationen«[22] und beraube so »die Problematik der Nachahmung einer wesentlichen Dimension«[23]. Bei Platon sei die Neigung zu beobachten, dass er die Nachahmung im Grunde verachte und sie als etwas Gefährliches ansehe.

---

[20] Girard, René, Things Hidden, S. 8: »The examples he [Plato] selects for us are consistently limited to representation – to types of behavior, manners, individual or collective habit, as well as words, phrases and words of speaking.«

[21] Ebd., S. 8. »The indifference and mistrust with which our contemporaries regard imitation is based on their conception of it, that ultimately has its source in Plato. But already in Plato the problematic of imitation is severely curtailed. When Plato speaks of imitation, he does so in a manner that anticipates the whole of Western thought. The examples he selects are consistently limited to representation – to types of behavior, manners, individual or collective habit, as well as words, phrases and words of speaking. What is missing in Plato's account of imitation is any reference to kinds of behavior involved in appropriation. Now it is obvious that appropriation figures formidably in the behavior of human beings, as it does in that of all living beings, and that such a behavior can be copied. There is no reason to exclude appropriation from imitation; Plato nonetheless does just this.« (Girard, Things Hidden, S. 8).

[22] Girard, René, Das Ende der Gewalt. Analyse des Menschheitsverhängnisses. Freiburg 2009, S. 32.

[23] Ebd.

Die Ausdrucksformen des Lebens werden in edle und unedle unterteilt und von Platon in die Erziehung mit aufgenommen oder verworfen.[24] Nach Palaver lassen sich in der *Politeia* drei Grundzüge[25] der Mimesis festhalten:

1) Der Begriff der Mimesis bezieht sich vorrangig auf die Gestik und Mimik, d. h. auf Äußerlichkeiten, die nach Palaver ein kennzeichnendes Element der »westlichen« Mimesis-Tradition darstellen.

2) Die ethische Dimension der Mimesis liegt im Unterschied zwischen erlaubter Nachahmung guter Vorbilder und verbotener Nachahmung schlechter Vorbilder.

3) Platon sieht in der Mimesis eine unberechenbare Macht, ja eine Gefahr. Als Beispiel nennt er – im Unterschied zu Aristoteles – die Dichterkunst, die nur ein »Scheinbild an Vollendung« nachahme und somit von der Realität weit entfernt sei. Ebenso würden durch Nachahmung nur schlechte Seeleneigenschaften angeregt:

> »Und so ist es auch mit der Verliebtheit und dem Zorn und mit allem Begehrlichen und Schmerzlichen und Angenehmen in der Seele, die nach unserer Ansicht alle unsere Handlungen begleiten: da wirkt sich die dichterische Nachahmung in gleicher Weise auf uns aus. Denn sie nährt und begießt das, was doch absterben sollte, und macht das zum Herrscher über uns, was doch beherrscht werden sollte, damit wir besser und glücklicher und nicht schlechter und unglücklicher werden.«[26]

---

[24] Vgl. Mimesis, Historisches Wörterbuch der Philosophie, Sp. 1396-1399.
[25] Vgl. Palaver, Wolfgang, René Girards mimetische Theorie, S. 67-68.
[26] Platon, Staat 606d.

Hier wird deutlich, dass Platon in der Mimesis etwas Negatives sieht und ihr kritisch gegenübersteht. Nach ihm aber muss das Ziel des Menschen die positive Mimesis – die Nachahmung Gottes und der ewigen Ideen – sein und dadurch Teil des eigenen Selbst werden:

> »Wer [...] seine Gedanken wirklich auf das Seiende richtet, der hat ja auch gar keine Zeit, hinabzublicken auf das Treiben der Menschen und sich im Streit mit ihnen mit Neid und Bitterkeit zu erfüllen. Sondern er schaut und betrachtet Geordnetes, sich immer gleich Bleibendes, bei dem es kein gegenseitiges Unrechttun und kein Unrechtleiden gibt, das sich vielmehr insgesamt wohlgeordnet und vernünftig verhält. Das ahmt er nach und gleicht sich ihm so weit als möglich an. Oder meinst du, man könne bewundernd mit etwas umgehen, ohne es nachzuahmen?«[27]

Platon unterscheidet also zwischen einer Mimesis himmlischer Ordnung und einer irdischen Mimesis, welche zu Neid und menschlichen Konflikten führen kann. Er stuft die Nachahmung zwar als gefährlich ein, ohne aber genauer zu definieren, was ihm Angst macht, was er als gefährlich ansieht. Die Tatsache, dass er auf der einen Seite der Mimesis eine Bedeutung in menschlichen Gesellschaften zugesteht (Gesellschaften sollen sich in ihrer Entwicklung mimetisch zu den ewigen Ideen – der positiven Mimesis – verhalten), sie auf der anderen Seite aber auch fürchtet, offenbart eine zwiespältige Sichtweise. Vergeblich sucht man bei ihm nach einer einheitlichen Mimesis-Konzeption. Der Mimesis wird ein voretischer Charakter zugeschrieben. Sie ist eine Gefahr, wenn sie sich auf Negatives be-

---

[27] Platon, Staat 500c.

zieht, sie schwächt den Menschen, indem sie ihn von der Erfüllung seiner gesellschaftlichen Aufgaben abhält. Es wird deutlich, dass die Mimesis demnach eine ungeheure Wirkung auf die Einstellung und das Verhalten von Menschen hat.

Aristoteles, der den Menschen als das »mimetischste Tier«[28] bezeichnet, sieht in der Nachahmung nicht die Quelle der Gewalt, erkennt [aber], daß Freundschaft oft zu Rivalität führt.«[29]

An dieser Stelle kann kein ausführlicher und detaillierter Vergleich zwischen dem Mimesis-Verständnis Platons und dem von Girard geführt werden, doch bleibt festzuhalten, dass die Antike der Mimesis in vielen Bereichen des Lebens eine bedeutende Rolle beimisst, ohne mit den Auffassungen Girards zur Deckung zu kommen. Dieser diagnostiziert bei Platon sogar eine »Ontologie der Nachahmung [...], da jede Realität nachahmend [ist].«[30] Gutes soll nachgeahmt, Schlechtes gemieden werden. Allerdings wird weder bei Platon noch bei Aristoteles auf die Arten des Aneignungsverhaltens oder der *Aneignungsmimesis* – das Herzstück der mimetischen Theorie – eingegangen. Girard spricht denn auch von einer Phobie Platons gegenüber der Mimesis[31], zollt dem griechischen Philosophen aber großen Respekt: »Wegen seiner von der Mimesis ausgelösten Phobie ist Platon in der Philosophie einzigartig, deshalb steht er in dieser Hinsicht dem Wesentlichen näher als irgendjemand sonst [...].«[32]

---

[28] Girard, René, Gewalt und Gegenseitigkeit. In: Sinn und Form. Beiträge zur Literatur. 54. Jg. (2002) Heft 4, S. 440.
[29] Ebd.
[30] Ebd.
[31] Vgl. Julien, Jacques, Mouvements du croire. Montréal 2001, S. 168.
[32] Girard, René, Das Ende der Gewalt, S. 40.

Platons Ablehnung der Mimesis scheint in der Gefahr begründet, durch sie (die Nachahmung) von dem abgelenkt zu werden, was für ihn im Zentrum seines Denkens – die ewigen Ideen – steht.

Dennoch könnte ein tiefergehender Vergleich der beiden Mimesis-Konzeptionen zu dem Schluss führen, dass Platon einerseits zwar keine Theorie der Aneignungsmimesis, der »raffgierigen Mimesis«, entwickelt, ja einen gewissen »Anti-Mimetismus« an den Tag legt, er andererseits aber die konfliktuelle Seite der Mimesis zumindest andeutet. In dieser Hinsicht lassen sich doch Berührungspunkte zwischen der Girardschen und Platonischen Mimesis-Auffassung konstruieren. Beide messen der Struktur von Konflikten und dem Versuch, eine Balance zwischen Stabilität und Instabilität zu finden, in der Konstituierung von Gesellschaften oder menschlichen Daseins überhaupt eine zentrale Bedeutung zu.[33]

So resümiert Girard in seiner *Analyse des Menschheitsverhängnisses* für die Antike wie für die Moderne:

> »Die Mimesis ist tatsächlich das, was der moderne Mensch in ihr sieht: die Kohäsionskraft schlechthin. Aber nicht nur das. Platon hat Recht, wenn er in ihr eine Kohäsionskraft und eine Auflösungskraft zugleich sieht. Falls Platon Recht hat, weshalb

---

[33] Anmerkung: Platon definiert die Aneignungsmimesis als etwas Schlechtes, etwas, dass er fürchtet. Für Girard hingegen sind – wie wir sehen werden – alle möglichen Formen der Mimesis als Aneignungsmimesis zu verstehen. Was er jedoch als »raffgierige« Mimesis interpretiert, ähnelt in manchen Aspekten dem, was Plato die Mimesis fürchten lässt. Die Schlussfolgerung, dass das platonische Mimesis-Verständnis nur auf die Darstellung (Repräsentation) reduziert ist, könnte dann als überspitzt angesehen werden.

hat er Recht und weshalb vermag er die gegensätzlichen Wirkungen ein und derselben Kraft nicht zu erklären? Falls dies eine echte Frage ist, wie ist sie dann zu beantworten?«[34]

Im Gegensatz zu dem antiken Mimesis-Konzept stellt Girard jedoch das Begehren selbst ins Zentrum seiner mimetischen Theorie.

3.2 Der Mimesis-Begriff bei René Girard

> *»Der Nächste ist das Vorbild unserer Begehren.*
> *Das nenne ich das mimetische Begehren.«*[35]

Girard benutzt den Mimesis-Begriff im Sinne der gegenseitigen Nachahmung, um sie als ein wesentliches Merkmal des menschlichen Lebens und menschlicher Gesellschaften zu beschreiben. Durch den Prozess der Nachahmung wachsen wir, lernen wir und werden letztendlich zu dem, was wir sind. Der Mensch existiert in keinem Vakuum, nicht isoliert, sondern ist angewiesen auf Beziehungen und abhängig von Interaktionen mit anderen Menschen. Ein schlagendes Beispiel hierfür sind Kleinkinder: Kinder, denen jegliche Kontakte zu anderen menschlichen Lebewesen verwehrt bleiben, haben schlechte, bis gar keine Überlebenschancen, weil sie über keine Möglichkeiten verfügen, durch Beobachtung und Nachahmung des elterlichen Verhaltens bzw. des Verhaltens anderer zu lernen. Wir können nicht wissen, wer wir sind oder dass wir überhaupt existieren, ohne andere

---

[34] Girard, René, Das Ende der Gewalt, S. 43.
[35] Girard, René, Ich sah den Satan vom Himmel fallen wie einen Blitz. Eine kritische Apologie des Christentums. München 2002, S. 24.

nachzuahmen und selbst im eigenen Verhalten nachgeahmt zu werden. Vielleicht kann man nach Girard so weit gehen zu sagen, dass wir Menschen darauf angewiesen sind, uns selbst durch die Augen eines anderen zu sehen. Die Nachahmung liegt in der Natur des Menschen und beeinflusst unser Verhalten, unser Handeln, unsere Leidenschaften, Freundschaften und Beziehungen in substantieller Weise. Aus diesen Gründen kann die Nachahmung auch als Quelle unseres Einfallsreichtums gesehen werden.

Entscheidend ist für Girard, dass die Nachahmung unbewusst vonstattengeht – wir merken weder, welchen Einfluss andere auf uns haben, noch, welchen Einfluss wir auf andere haben. Daher bevorzugt der Kulturanthropologe auch den Ausdruck *mimetisch* und versucht den Begriff *Imitation* bzw. *imitieren* zu vermeiden, um nicht den Eindruck zu erwecken, dass die Nachahmung bewusst erfolgt. In *Things Hidden Since the Foundation of the World* erläutert er: »The only advantage of the Greek word is that it makes the conflictual aspect of the *mimesis* conceivable, even if it never reveals its cause.«[36] Die Ursache des Konfliktes ist »rivalry provoked by an object [...] acquisitive mimesis [...] must always be our point of departure«[37]. Dabei ist das Faktum oder die Unabänderlichkeit der Nachahmung weder positiv noch negativ gepolt.

Schließlich ist von Bedeutung, dass Menschen sich nicht nur in ihren positiven mimetischen Begehren und zu begehrenden Ob-

---

[36] Girard, René, Things Hidden, S. 18.
[37] Ebd.

jekten nachahmen, sondern ebenso in ihren negativen Begehren, also in Abneigungen.

3.3 Der Begriff des Begehrens (desire) bei René Girard

> »We don't even know what our desire is. We ask people to tell us our desires. We would like our desires to come from our deepest selves, our personal depths – but if it did, it would not be desire. Desire is always for something we feel we lack.«[38]

Der Ausdruck *Begierde* nimmt in Girards Theorie eine Schlüsselrolle ein. Was aber ist Begierde? Einige Begierden des Menschen sind instinktiv, wie sexuelles Verlangen, Durst oder Hunger, während andere erlernt sind, wie das Verlangen nach Autos, Macht oder Geld. Girard unterscheidet hier zwischen *need* und *appetite*. Festzuhalten ist, dass in Girards Denkgebäude das Objekt für die Menschen – einerlei, welches Objekt sie begehren –, nicht festgelegt bzw. vorbestimmt ist (»not fixed«). Als einfaches Beispiel kann man Pferde nehmen. Pferde ernähren sich von Gras, wenn sie hungrig sind. Sie entscheiden in der Regel nicht, was sie verzehren, sie senken einfach ihren Kopf und grasen. Das Objekt ihrer Begierde in Bezug auf Nahrung ist vorbestimmt und einfach gegeben, sie müssen über ihr Futter nicht entscheiden. Menschen hingegen stehen (unter normalen Bedingungen) vor einer großen Auswahl an Möglichkeiten, wenn es darum geht, auf welche Art und Weise sie ihren Hunger stillen

---

[38] Girard, René, zitiert nach: Haven, Cynthia, René Girard. Stanford's provocative immortel is a one-man institution, in: Stanford Report, June 11, 2008.

wollen. Sie müssen das Objekt ihrer Begierde erst auswählen, und dieses Objekt kann sich immer wieder ändern. Bei Menschen geht es manchmal sogar so weit, dass sie einfach aus Lust essen und nicht, um ihren Hunger zu befriedigen. Aussprüche wie »eigentlich habe ich ja gar keinen Hunger mehr, aber das Stück Kuchen nehme ich noch« oder »Nachtisch geht immer«, begegnen einem nicht selten.

Für Girard von Interesse sind die Unbestimmtheiten der Objekte des Begehrens und die verschiedenen Gründe, warum wir gerade sie (und nicht andere) begehren und versuchen, sie zu besitzen. Wenn aber die Objekte des Begehrens nicht vorbestimmt und festgelegt sind, wie und nach welchen Kriterien wählen wir dann aus? Nach Girard leiten sich sämtliche Varianten oder Spielarten von Begierden aus der allen zugrunde liegenden Begierde ab – der Begierde zu sein[39]. So schreibt er in *Deceit, Desire and the Novel*: »Es gibt ein einziges metaphysisches Begehren, doch die einzelnen Begehren, in denen sich dieses ursprüngliche Begehren konkretisiert, variieren unendlich.«[40]

Das metaphysische Begehren ist das Begehren, einzigartig zu sein. Während wir leben und uns immer wieder verändern, richten wir uns nach dem Modell, nach dem Vorbild, welches uns am begehrenswertesten erscheint, dessen Wesen uns am meisten fasziniert – sei es der Wunsch, ein Schriftsteller, ein Schauspieler oder ein Rockstar zu sein. Wem auch immer wir nacheifern, wer

---

[39] Vgl. Girard, René, Wenn all das beginnt ..., S. 28.
[40] Girard, René, Figuren des Begehrens. Das Selbst und der Andere in der fiktionalen Realität. Münster 1999, S. 91.

auch immer wir letztendlich sein wollen - alles fängt mit dem Begehren der Objekte an, die unser Vorbild[41] begehrt.

Wie erwähnt, imitieren wir unsere Vorbilder nicht nur in ihren positiven Eigenschaften, sondern auch in ihren negativen. Bewundern wir also eine Person, weil sie mitfühlend und liebevoll ist, werden wir durch unsere Begierde angehalten, diese positiven Vorzüge imitieren. Geht unser Vorbild konstruktiv mit Konfliktsituationen um, werden auch wir dazu angehalten, so zu verfahren und zu versuchen, das Beste aus einer schwierigen Situation zu machen. Positive Mimesis lässt uns das begehren, was auch für die andere Person am besten ist:

> »Positive mimetic desire works out to recapitulate the Golden Rule: we desire for the other *what the other desires for her or himself*. This kind of desire is therefore neither colonialist, nor does it scapegoat.«[42]

Diese Aussage von Rebecca Adams bestätigt Girard in einem Interview mit den Worten:

> »Your question makes sense to me [...]. Wherever you have that desire [...], that really active, positive desire for the other, there is some kind of divine grace present. This is what Christianity unquestionably tells us. If we deny this we move into some form of optimistic humanism.«[43]

---

[41] Anmerkung: Zum Thema »Vorbilder« soeben erschienen: Macho, Thomas, Vorbilder. Paderborn 2011.

[42] Adams, Rebecca, zitiert nach: Girard, René, The Girard Reader. Edited by James G. Williams. New York 1996, S. 64. Und: Girard, René, Adams, Rebecca, Violence, Difference, Sacrifice. A conversation with René Girard, In: Religion and Literature. Vol. 25, No. 2. (Summer 1993), pp. 9-33, p. 25.

[43] Ebd, S. 65.

Die Bedeutung des Christentums für Girards Theorie wird im weiteren Verlauf dieser Arbeit ausführlich thematisiert.

Unser Aneignungsbegehren kann auch negativ in Erscheinung treten, wenn sich Menschen zuungunsten anderer Vorteile verschaffen oder Eifersucht und Neid dominieren. Aus dem Gefühl, das eigene Leben sei leer und dem Nachbarn gehe es besser, entwickelt sich ein Konkurrenzdruck, der jedoch niemals zufriedengestellt werden kann, da es anderswo immer noch mehr Glück geben wird. Enttäuschungen sind die Folge. Im Effekt kehren sich negative Begierden um und erweisen sich außerstande, einzulösen, was sie zu versprechen vorgeben. Der einzige Ausweg ist, von ihnen abzulassen und nur den positiven nachzugehen.

3.4 Verlangen ist Nachahmung (desire is mimetic)

> »Desiring mimesis precedes the appearance of its object and survives, [...] the disappearance of its object. [...] Mimesis cannot spread without becoming reciprocal. [...] Desires attract ape, and bind one another, creating antagonistic relationships that both parties seek to define in terms of difference.«[44]

Die mimetische Theorie René Girards kann auch als eine »Theorie der menschlichen Wechselbeziehungen«[45] beschrieben werden. Girard hat erkannt, dass menschliche Beziehungen unter

---

[44] Girard, René, »To double business bound«. Essays on Literature, Mimesis and Anthropology. Baltimore 1978, S. 91.
[45] Vgl. Kirwan, Michael, Discovering Girard. London 2004, S. 14.

dem Vorzeichen der Reziprozität, der Wechselseitigkeit betrachtet werden müssen, eben der gegenseitigen Nachahmung. Als ein einfaches Beispiel dienen zwei Personen, die sich zufällig begegnen: Beide sehen sich an, reichen sich die Hand. Verweigert der eine die reziproke Geste, indem er die Begrüßung durch das Reichen seiner Hände nicht erwidert, entsteht sofort eine neue Reziprozität, da sich die andere Person nun ebenfalls ablehnend verhält. Ablehnung provoziert Ablehnung. Nach Girard ist es praktisch unmöglich, die Reziprozität zwischen Menschen aufzuheben. Auch Gewalt – so der Kulturphilosoph – sei eine Form von Reziprozität.[46]

Der Ursprung der Theorie Girards findet sich in seinem ersten großen Werk *Deceit, Desire and the Novel*, in dem der Autor zu der Erkenntnis kommt: *Desire is mimetic* – unser Begehren beruht ausschließlich auf Nachahmung. Sinnvoll erscheint es daher, zunächst zu erläutern, was Girard unter *Mimesis* versteht.

Ausgangspunkt seiner Überlegungen sind Romane der Weltliteratur, aus denen er die Grundthese herausliest, dass Begehren auf Nachahmung beruht. Zunächst jedoch sieht er sich dazu veranlasst, den Begriff des *human desire* (des menschlichen Begehrens) von den Begriffen *need* und *appetite* zu trennen.

> »What is the difference between need, appetite, and desire? And need and appetite all animals have. And we know very well that if we are alone in the Sahara desert, and we are thirsty, we don't need a model to want to drink. It's a need that we have to satisfy. But most of our desires in a civilized society

---

[46] Vgl. Metropolis, René Girard. Von den Anfängen der Kultur. Arte, Sendung vom 10.12.2005.

are not like that. And if you think of such thing as vanity, snobbery, you know - what is snobbery? In snobbery you desire something not because you already have an appetite for it, but because you think you'll look smarter, you'll look more fashionable, if you imitate the man who desires that object, who also pretends that he desires it.«[47]

Appetite und *need* sind von der Natur vorausgesetzt bzw. bedingt. Gemeint sind biologische Bedürfnisse, die uns innewohnen und deren wir uns gar nicht erwehren können, da wir sie zum Überleben brauchen. Für den Menschen von Natur aus vorbestimmte *Bedürfnisse* wie Hunger oder Durst sind leicht einzuordnen und zu erkennen. Die *Objekte des Begehrens* hingegen sind sehr viel schwieriger zu fassen und zu analysieren - existieren und variieren sie doch in unbegrenzter Zahl und Form.

Hier liegt eine der zentralen Prämissen von Girards Theorie: Männer und Frauen, Kinder und Jugendliche lernen voneinander, was sie begehren sollten. In diesem Sinne sind die Menschen *mimetisch*, also *nachahmend*, sie kopieren sich gegenseitig; sie imitieren andere in ihrem Verlangen und in ihren Wünschen. Die Nachahmung ist dabei nicht nur auf Bereiche wie Sprache, Ausdrucksweise, Gesten oder andere Äußerlichkeiten beschränkt, sondern in erster Linie objektdefiniert oder objektbezogen und durch das bestimmt, was überhaupt begehrt werden könnte. Die mimetische Theorie stellt sich der Vorstellung entgegen, dass die einzelnen Individuen in ihren Wünschen und in ihrem Begehren autonom seien.

---

[47] A conversation with Professor René Girard, Entitled Opinions by Robert Harrison, 17. September 2005.

Führt die Nachahmung zu einer Annäherung zweier *Wünsche* [desire] hinsichtlich ein und desselben Objekts, d. h., begehren zwei oder mehrere Personen ein (und dasselbe) Objekt, dann folgt daraus die Entstehung von Rivalität. Diese kann sich bis hin zum totalen bzw. absoluten Konflikt steigern. Ein einfaches nachvollziehbares Beispiel sind zwei Kinder, die sich um ein Spielzeug streiten. Dabei kann das Spielzeug wochenlang unbenutzt rumgelegen haben und ignoriert worden sein - durch das Interesse des Einen wird es für den Anderen auch interessant:

> »Kaum hat eines von ihnen ein Spielzeug ausgewählt, wird das andere versuchen, es ihm zu entreißen. Jedes Kind nimmt das andere als Vorbild und Leitbild eines Begehrens, das nur ein nomadisierendes, an kein bestimmtes Objekt gebundenes sein kann, da es sich starrsinnig an das Objekt des Rivalen klammert – und das gilt für Erwachsene wie für Kinder.«[48]

Handelt es sich bei den Kindern um Brüder, so kann dies eine sich anbahnende Rivalität und einen sich anbahnenden Neid noch zusätzlich verstärken.

Erscheint das Beispiel – sei es aus eigener Erfahrung oder aus analytischen Gründen – zunächst zu überspitzt, so erhärtet Girard seinen Grundgedanken an anderer Stelle mit einem abgewandelten Szenario: Eine bestimmte Anzahl von Kindern befindet sich in einem leeren Raum, in den die gleiche Anzahl Spiel-

---

[48] Girard, René, zitiert nach: Türcke, Christoph, Die verkannte Stimme des Realen. Der Mythenforscher René Girard, in: Merkur. Deutsche Zeitschrift für europäisches Denken. 60 Jg. (2006) Heft 5, S. 445.

zeuge hineingelegt wird. Hier bestehe die hohe Wahrscheinlichkeit, dass die Verteilung nicht reibungslos abläuft.[49]

Girard wird nicht müde, die konstitutive Rolle des Mimetischen, die Unausweichlichkeit und zwangsläufige Existenz der Aneignungsmimesis im Zusammenleben von Menschen hervorheben. Zwar räumt er ein, dass Szenen wie der Spielzeugstreit unter Erwachsenen kaum vorstellbar seien. Doch bedeute das nicht, dass zwischen ihnen keine mimetische Rivalität existiere: Wahrscheinlich – so mutmaßt der Autor – »existiert sie [bei Erwachsenen] mehr denn je, doch – wie die Affen – haben die Erwachsenen gelernt, sich vor ihr zu hüten und wenn nicht sämtliche, so doch die gröbsten und offenkundigsten Modalitäten zu unterdrücken«[50].

Girard unterscheidet zwischen zwei verschiedenen Objektarten. Objekten, die einzigartig sind und die niemand, da nur einmal vorhanden, teilen will oder kann, einerseits, und Objekten andererseits, die mehrfach und in nahezu unbegrenzter Fülle existieren.

> »There are two types of objects: a) the objects we can share because they are abundant - drinks, soft drinks, and b) there are the objects we cannot share or we do not want to share which is the case for - let's say - sympathy, the love of a girl-

---

[49] Vgl. Girard, René, Das Ende der Gewalt. Analyse eines Menschheitsverhängnisses. Erkundungen zu Mimesis und Gewalt mit Jean-Michel Oughourlian und Guy Lefort. Freiburg 2009, S. 33.
[50] Ebd.

friend. We do not want to share that even - especially - with our best friend.«[51]

Solange die begehrten Objekte einen gemeinsamen Besitz nicht ausschließen, wie das Erlernen einer Sprache, das Lesen eines Buches, eine gute Flasche Wein, ein entspannendes Bad oder ein Tag in der Sauna, führt die Mimesis nicht zu Problemen. Schließen aber die begehrten Objekte einen gemeinsamen Besitz aus, wie Liebesobjekte, eine besser dotierte Anstellung in einem Unternehmen, gesellschaftliche Positionen, teure Statussymbole wie Autos, Häuser etc., führt die Mimesis zu Rivalität und Konflikten.[52]

Das Begehren, das sich an den Objekten anderer Personen bzw. an den Personen selbst orientiert und somit als *Nachahmung* zu definieren ist, bezeichnet Girard als *Aneignungsmimesis* (engl.: *acquisitive mimesis*, frz.: *mimésis d'appropriation*) oder *konfliktuelle Mimesis* (frz.: *mimésis conflictuelle*).[53] Da die *Aneignungsmimesis* in besonderer Weise konfliktträchtig ist, kann festgehalten werden: Sind wir in ihrem Mechanismus gefangen, versuchen wir nicht mehr, unser ursprüngliches Objekt der Begierde zu erwerben, sondern das Wesen, das »Sein« der anderen Per-

---

[51] Vgl. A conversation with Professor René Girard, Entitled Opinions by Robert Harrison, 17. September 2005.
[52] Anmerkung: An dieser Stelle kann auf den britischen Staatsphilosophen Thomas Hobbes, Leviathan (Kapitel 13, S. 95) verwiesen werden: »Wenn [...] zwei Menschen nach demselben Gegenstand streben, den sie jedoch nicht zusammen genießen können, so werden sie Feinde und sind in Verfolgung ihrer Absicht, die grundsätzlich Selbsterhaltung und bisweilen nur Genuß ist bestrebt, sich gegenseitig zu vernichten oder zu unterwerfen.«
[53] Vgl. Palaver, Wolfgang, René Girards mimetische Theorie, S. 71.

son uns anzueignen, was wiederum nur durch deren Eliminierung geschehen kann. Die Person, über die sich das zu begehrende Objekt überhaupt erst erschließt, wird im gleichen Moment zum Rivalen und zum Hindernis in dem Wunsch, das bestimmte Objekt selbst besitzen wollen.

Wie aus dem bisher Dargelegten abzuleiten ist, kennt Girards Theorie weder menschliche Autonomie noch die Existenz eines freien Willens. Sie geht davon aus, dass unsere Wünsche nach Objekten oder sozialen Standards nicht in uns selbst entstehen, sondern sich nach den Wünschen und Begierden der Mitmenschen richten, die zumeist unbewusst imitiert werden. Konflikte, die daraus entstehen, nehmen oftmals einen zerstörerischen Verlauf. Wenn es jedoch eine Mehrzahl von Begierden gibt, stehen die einzelnen Menschen vor Wahl- oder Entscheidungsmöglichkeiten. Implizieren diese aber nicht – die Zwischenfrage sei erlaubt – ein Stück individueller Autonomie? Girard wehrt ab und sieht in ihr nichts als eine »romantische Lüge« oder Illusion.[54] Prägend bleiben für ihn die Romanfiguren Dostojewskis, die »das (selbst-)zerstörerische Potential des hochmütigen Versuchs der Menschen, ihre eigene Autonomie gegen Gott zu behaupten«[55], verkörpern.

---

[54] Vgl. Palaver, Wolfgang, Die mimetische Theorie René Girards, S. 58.
[55] Palaver, Wolfgang, Die mimetische Theorie René Girards, S. 166.

3.5 Das trianguläre Begehren

> »Das Prestige des Mittlers überträgt sich auf das begehrte Objekt und verleiht letzterem einen trügerischen Wert. Das trianguläre Begehren ist jenes Begehren, das sein Objekt verklärt.«[56]

Die Grundstruktur des Begehrens formuliert Girard gleich im ersten Kapitel von *Deceit, Desire and the Novel*. Er verbildlicht sie in Form einer Dreiecksstruktur, die er mit dem Begriff des *triangulären Begehrens* beschreibt. Bei ihm gibt es keine direkte Subjekt-Objekt-Beziehung, sondern findet sich immer eine vermittelnde Instanz, ein sogenannter *Mittler*, auch *Modell* genannt. Das mimetische Begehren realisiert sich immer in einer Dreieckskonstellation, die sich aus Subjekt – Modell – Objekt zusammensetzt.

Nach Girard entsteht also das Begehren erst durch die Nachahmung eines Dritten, die Figur des Mittlers, die das zu begehrende Objekt überhaupt erst auswählt und für das Subjekt begehrenswert macht. Das Dreieck konstituiert sich über die mimetische Beziehung des Subjekts zu einem Modell.

Ein anschauliches Beispiel für diese *Triangularität* liefert Cervantes in seinem Ritterroman *Don Quijote*[57]. Don Quijote imitiert in seinem Verhalten die Ritterfigur, Amadis von Gallien, um die wunderschöne Jungfrau Dulcinea zu gewinnen, die in der Realität nur eine einfache Bäuerin ist. Sein Knappe Sancho Pansa orientiert sich an Don Quijote dagegen nur in Form eines Herr-

---

[56] Girard, René, Figuren des Begehrens, S. 26.
[57] Cervantes, Miguel de, Don Quijote. München 2006.

schafts- und Lebensmodells, indem er den Traum von einem eigenen Inselreich und Adelstitel für seine Tochter hegt. Zur Veranschaulichung sollen zwei Grafiken dienen:

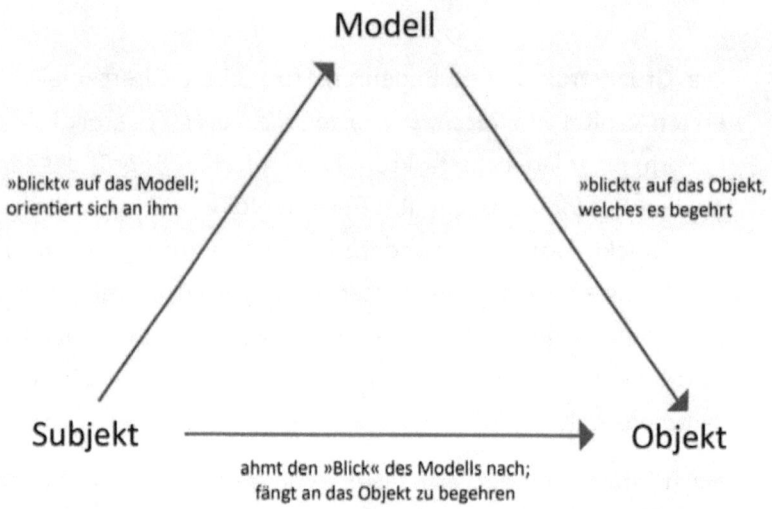

Abbildung 1: Das trianguläre Begehren I (Quelle: eigener Entwurf)

Während Abbildung 1 einfach das mimetische Begehren in grafischer Form darstellt, hebt Abbildung 2 die im Rahmen des mimetischen Begehrens vorhandene Wechselseitigkeit hervor. Das Modell, das die eigene Begierde durch das Subjekt nachgeahmt sieht, fühlt sich durch diese Nachahmung in seinem Begehren bestätigt.

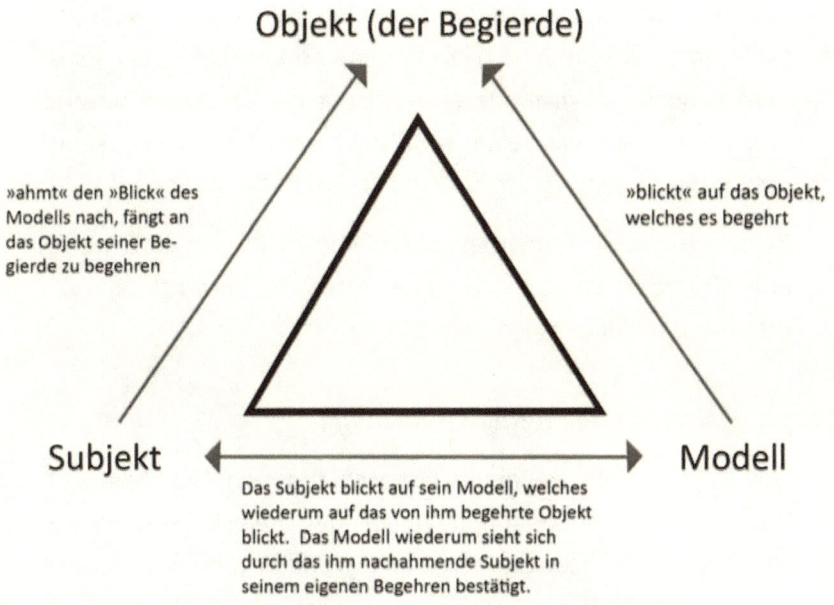

Abbildung 2: Das trianguläre Begehren II (Quelle: eigener Entwurf)

In *Deceit, Desire and the Novel* schreibt Girard, dass das Objekt »nur ein Mittel ist, um den Mittler zu erreichen. Eigentlich zielt das Begehren auf das Wesen des Mittlers ab.«[58] Hier deutet sich auch der Sinn der Vermittlung an, den Girard an Don Quijote erläutert: Das Ziel des begehrenden Subjekts ist es, so zu werden wie sein Mittler. »Don Quijote schreit die Wahrheit seiner Leidenschaft heraus«, denn »[er] will ihm [seinem Mittler; Amadis] sein Wesen als vollkommener Mittler rauben.«[59] In anderen Worten: Wir tendieren dazu, in anderen Personen »das ultimati-

---

[58] Girard, René, Figuren des Begehrens, S. 61.
[59] Ebd.

ve Sein«, »das absolute Sein« bzw. »das Sein in seiner vollkommensten Vollkommenheit« zu finden und besitzen (oder selbst sein) zu wollen. Wir imitieren nicht nur die Begierden unseres Modells, sondern wir beginnen alsbald, uns zu wünschen, selbst das Modell zu sein.

Beim triangulären Begehren unterscheidet Girard in einer weiteren Differenzierung zwischen zwei Arten der Vermittlung – der *externen* und der *internen* Vermittlung.

3.5.1 Externe und interne Vermittlung

Michael Kirwan[60], Religionswissenschaftler am Heythrop College (University of London), erweitert das Dreieck des triangulären Begehrens insoweit, als er die Konfliktwahrscheinlichkeit oder das Konfliktpotential durch den Abstand zwischen Subjekt und Modell angibt: je geringer der Abstand, desto größer das Konfliktpotential. Die Höhe des Dreiecks dient als Indikator dafür, wie hoch die Wahrscheinlichkeit einer Rivalität ist. Im Umkehrschluss bedeutet dies: Je größer der Abstand, desto geringer ist die Wahrscheinlichkeit eines Interessenkonfliktes. Gründe für einen großen Abstand können zum Beispiel darin liegen, dass das Modell fiktionaler Natur ist (wie in Cervantes' *Don Quijote*, wo sich Don Quijote [Subjekt] an Amadis [Modell] orientiert, der eine fiktive Figur darstellt) oder zwischen Subjekt und Modell soziale und kulturelle Unterschiede herrschen, die eine Rivalität von vorneherein ausschließen. In diesem Fall spricht Girard von *externer Mediation/Vermittlung*. Begegnen sich Subjekt und Modell hingegen in einem, sprich im gleichen, kulturellen

---

[60] Vgl. Kirwan, Michael, Discovering Girard, S. 15.

und sozialen Umfeld bzw. auf einer Ebene, die es ermöglicht, dem anderen das Objekt der Begierde streitig zu machen, so wird von *interner Mediation/Vermittlung* gesprochen, bei der die Rivalität eskaliert und das Gewaltpotenzial aufgeladen wird.

»The first category, described as ›external mediation‹, assumes a distance in space, time, social rank, or prestige between the individual who desires [...] and the model, or mediator, of that desire such that the two do not become rivals in their desire for the object. [...] The second category, called ›internal mediation‹, involves a model or mediator who is not separated from the subject by time, space or other factors and therefore more readily becomes a rival and obstacle in the subject's quest for the object. Internal mediation is a complex and ultimately destructive process.«[61]

Einzelne Romane mögen die Unterscheidung veranschaulichen und gegebenenfalls differenzieren.

Externe und interne Vermittlung in Girards »Figuren des Begehrens«

Girard entwickelt seine Definition und sein Verständnis von externer und interner Vermittlung (*external & internal mediation*) in *Deceit, Desire and the Novel*[62]. Gemäß dem triangulären Begehren ist allen untersuchten Autoren gemein, dass die Romanfiguren sich in ihrem Begehren an einem *Dritten*, einem Mittler orientieren. Dennoch gibt es in den Dimensionen ihres mimetischen Konflikts (wesentliche) Unterschiede, welche Girard zur

---

[61] Golsan, Richard J., Girard and Myth. An Introduction. New York 2001, S. 2.
[62] Girard, René, Deceit, Desire and the Novel. Baltimore 1965.

Unterteilung in *externe* und *interne Vermittlung* veranlassen.[63] Wie im Zitat angedeutet, liegen die Gründe für die unterschiedlich großen Konfliktpotentiale in der Beziehung zwischen Vorbild und Nachahmendem: Existiert ein unüberwindbarer Abstand – sei es aufgrund der räumlichen Distanz, des intellektuellen Niveaus, des sozialen Rangs oder Prestiges – zwischen Vorbild und Nachahmenden, so ist ein Konflikt ausgeschlossen (*externe Vermittlung*). Ist dieser Abstand nicht gegeben, sind Konflikte und Rivalitäten die logische Konsequenz (*interne Vermittlung*).

Girard diskutiert die Gesamtheit des mimetischen Spektrums. In Cervantes' Ritterroman *Don Quijote* wie auch in Flauberts *Madame Bovary*[64], beides Fälle einer *externen Vermittlung*, ist eine Konfliktwahrscheinlichkeit der Mimesis praktisch nicht gegeben. In beiden Werken ahmt der Held das Verhalten eines fiktiven Vorbilds nach – sowohl Don Quijote, der den Romanhelden Amadis von Gallia in seinem Verhalten imitiert, als auch Madame Bovary, die ihre Sehnsüchte an Buchheldinnen romantischer Liebesromane orientiert. Nach Girard nehmen hier die Formen der Bewunderung und die Bereitschaft, alle Eigenschaften des Vorbilds nachzuahmen, groteske Züge an.[65]

»In den Romanen von Cervantes und Flaubert blieb der Mittler außerhalb der Welt des Romanhelden; bei Stendhal [mit Blick

---

[63] Vgl. Girard, René, Figuren des Begehrens, S. 18ff.
[64] Flaubert, Gustave, Madame Bovary. Paris 2007.
[65] Vgl. Girard, René, Figuren des Begehrens, S. 39.

auf dessen Roman *Rot und Schwarz*] nun befindet er sich innerhalb dieser Welt.«[66]

Das Besondere an Cervantes Roman ist, dass gleich zwei trianguläre Dreiecksbeziehungen vorkommen: zum einen die zwischen Don Quijote und Amadis, zum anderen die zwischen Sancho Pansa und Don Quijote, in der Don Quijote die Rolle des Mittlers einnimmt. Auch in dieser zweiten Dreiecksbeziehung kann die Distanz zwischen Subjekt und Mittler nicht überwunden werden, wobei deutlich wird, dass es sich bei einer räumlichen Distanz nicht zwangsläufig um eine geografische handeln muss. Die (unüberbrückbare) Distanz zwischen Vorbild und Nachahmer ist vielmehr intellektueller und sozialer Natur. Physisch und geografisch gesehen sind sich der Knappe und sein Ritter niemals fern. Sancho Pansa würde seinem Herrn niemals streitig machen was dieser begehrt, selbst wenn er dessen Wünsche in seinen Träumen imitiert. In der Identifikation von Sehnsüchten ist Rivalität dennoch ausgeschlossen:

> »Sanchos Verlangen richtet sich auf die von den Mönchen zurückgelassenen Lebensmittel, auf das unterwegs gefundene Bündel mit goldenen Talern und auf andere Dinge, die Don Quijote ihm ohne Bedauern überläßt.«[67]

In den Romanen anderer Autoren, wie Stendhal, Proust oder Dostojewski, konstatiert Girard hingegen keine *externe Vermittlung*, sondern eine *interne*.[68] Der Abstand zwischen Mittler und Nachahmendem, der das mimetische Begehren reguliert, er-

---

[66] Girard, René, Figuren des Begehrens, S. 18.
[67] Ebd.
[68] Vgl. Ebd., S. 302.

scheint als nicht unüberwindbar. Entsprechend hoch ist das Konfliktpotential einzuschätzen.

Bei Stendhal entdeckt Girard in Eitelkeit und Neid das Motiv des mimetischen Begehrens.[69] Die eitle Person begehrt nur dann ein Objekt, solange es von einer anderen Person begehrt wird, d. h., der Mittler wird zum Rivalen. Bei Proust macht Girard als zentrale Aspekte der Begierde ebenfalls Eifersucht und Neid aus. Da diese bei Proust jedoch stärker hervortreten, und es gar die Liebe des Rivalen bedarf, wird Eifersucht durch Snobismus ersetzt[70]: »Es genügt, ein Begehren als snobistisch zu bezeichnen, um dessen nachahmenden Charakter zu unterstreichen. [...] In der Liebe Snob sein heißt, sich der Eifersucht hinzugeben.«[71]

Der Snob begehrt ein Objekt nicht, weil er es braucht, sondern weil er durch den Mittler den Eindruck gewinnt, dass es in Mode oder *fashionable* ist – er wird zu einem »Sklaven der Mode«[72], er »begehrt das Nichtige«[73]. Proust beschreibt eine neue Form der Entfremdung, er ist nicht romantisch, Liebe zum Beispiel erhält bei ihm einen »Warencharakter«. So hängt »der Wert des konsumierten Objekts [...] einzig vom Blick des *Anderen* ab. Allein das Begehren des *Anderen* vermag das Begehren zu erzeugen«[74]. Girard hält fest:

---

[69] Ebd., S. 30.
[70] Ebd., S. 32 und 228f.
[71] Girard, René, Figuren des Begehrens, S. 33.
[72] Ebd., S. 32.
[73] Ebd., S. 228.
[74] Ebd., S. 231.

> »Je näher der Mittler dem begehrenden Subjekt rückt, desto eher überschneiden sich die Möglichkeitssphären der beiden Rivalen und desto unüberwindlicher wird das Hindernis, das der eine für den anderen darstellt.«[75]

Am extremsten stellt sich die *interne Vermittlung* bei Dostojewski dar. Während bei Stendhal das öffentliche und politische Leben von der internen Vermittlung betroffen ist, erstreckt sich diese bei Proust schon auf das Privatleben. Bei Dostojewski (*Die Brüder Karamasow*, *Der Jüngling*) schließlich werden ganze Familien von der Mimesis erfasst.[76] Mimetische Beziehungen manifestieren sich hier in vielfachen Doppelrollen, in Hass- und Liebesverhältnissen, in der Schaffung von Vorbildern und der Konstruktion von Mordmotiven. In der Vehemenz, in der unmittelbare Rivalen (als Subjekte) und Mittler aufeinanderstoßen, werden die Abgründe zwischenmenschlicher Beziehungen ausgeleuchtet.[77] Girard bezeichnet Dostojewskis Herausarbeitung extremer Gefühls- und Konfliktlagen, die Tatsache, dass es in den *Brüdern Karamasow* oder den *Dämonen* keine Liebe ohne Eifersucht und keine Freundschaft ohne Neid gibt, dass Bewunderung und Hass immer wieder gemeinsam in Erscheinung treten, um in Mord und Totschlag zu enden, als »geniale Intuition«.[78] So ist die »Wahrheit des Begehrens der Tod, aber der Tod ist nicht die Wahrheit des romanesken Werks«[79].

---

[75] Ebd., S. 34.
[76] Vgl. Girard, René, Figuren des Begehrens, S. 50.
[77] Ebd., S. 52.
[78] Ebd., S. 52. Und S. 286f.
[79] Girard, René, Figuren des Begehrens, S. 297. Anmerkung: Als Beispiel nennt Girard *Stepan Trofimowitsch* aus *Die Dämonen* von Dostojewski.

Wenngleich Girard innerhalb der internen Vermittlung noch einmal zwischen der *exogamischen (Cervantes, Flaubert)* und der *endogamischen Vermittlung* (Dostojewski) differenziert[80], kommt er letztlich zu der Auffassung, dass »das trianguläre Begehren *eins* [ist]. Man geht von Don Quijote [Cervantes] aus und gelangt zu Pawel Pawlowitsch [Dostojewski]«[81]. Weiter schreibt er in *Figuren des Begehrens*: »Die gleichzeitige Präsenz von externer und interner Vermittlung innerhalb ein und desselben Werks bestätigt, [...] die Einheit der *romanesken* Literatur.«[82]

Überhaupt unterscheidet Girard zwischen zwei verschiedenen Kategorien an Schlüssen – dem *romantischen* und dem *romanesken*:

> »Jene, die uns einen einsamen Menschen vorstellen, der zu den übrigen Menschen zurückkehrt; jene, die uns einen ›Herdenmenschen‹ zeigen, der in die Einsamkeit eingeht. [...] Die echte

---

[80] Ebd., S. 52.
[81] Ebd., S. 56. Anmerkung: Don Quijote führen seine Erlebnisse immer mehr in aristokratische Gefilde, während Stawrogin in Dostojewskis *Dämonen* schon Aristokrat ist. Für Girard sind die Romane Dostojewskis, allen voran *Die* Dämonen, *Der Idiot, Der Jüngling* und *Die Brüder Karamasow* »aristokratische« Romane, vgl. Girard, René, Figuren des Begehrens, S. 236. Anmerkung: Die Romanfigur Pawel Pawlowitsch entstammt Dostojewskis *Der ewige Ehemann* und hat Girard nach eigener Aussage sehr fasziniert: »[E]in eifersüchtiger Ehemann, der nach dem Tod seiner Frau deren früheren Geliebten aufsucht; und dieser Mann, der erneut heiraten möchte, will nun von den einstigen Liebhabern seiner Frau die Zustimmung erhalten, um sich mit der jungen Frau zu vermählen. *Das ist die Ursituation des mimetischen Begehrens: dieser Trieb, der als Wegleiter dient, dieser Blick, der des Blickes des Anderen bedarf.*«, Girard, René, Jakob Michael, Gespräch. In: Jakob, Michael, Aussichten des Denkens. München 1994, S. 161-162.
[82] Girard, René, Figuren des Begehrens, S. 60.

Bekehrung erzeugt ein neues Verhältnis zu den anderen und ein neues Verhältnis zu sich selbst.«[83]

Die *doppelte Imitation* steigert den Konflikt und erzeugt Gewalt, Girard spricht auch von *Doppelgängern* und *Doppelgängerbeziehungen*[84]:

> »Die doppelte Imitation, die den mimetischen Wunsch kennzeichnet, ist eine Art Maschine, eine Form des *feedbacks*, die beständig Gewalt produziert, Spannung zwischen den Individuen erzeugt und die gleichsam den Preis des gewünschten Objekts immer höher steigen lässt.«[85]

Als vorläufiges Resümee bleibt festzuhalten, dass das Konfliktpotential der Mimesis bei der externen Vermittlung so lange gering bleibt, solange die ursprünglichen Unterschiede bestehen. Fallen die unterschiedlichen Ebenen weg, steigt das Konfliktpotenzial, da nun Regelungsmechanismen und Kontrollinstanzen fehlen. Je näher der Mittler rückt, desto mehr nimmt seine Rolle zu und die des Objektes ab. Das Objekt wird mehr und mehr verschleiert, während der Mittler mehr und mehr ins Zentrum des eigentlichen Interesses wandert. Die Gewalt nimmt zu.

3.5.2 Versuch einer Zwischenbilanz, Brückenschlag zur Moderne und die Frage nach der Relevanz

Girards Einsichten basieren auf der Lektüre von Werken der Weltliteratur. Wer die Frage nach ihrer Relevanz für die Analyse

---

[83] Ebd., S. 301-302.
[84] Vgl. Girard, René, Das Ende der Gewalt, S. 65.
[85] Girard, René, Jakob, Michael, Gespräch. In: Jakob, Michael, Aussichten des Denkens. München 1994, S. 163-164.

der heutigen, modernen Welt stellt, muss sich vor Augen halten: Girards Theorie ist im Grunde eine Theorie von Differenz und Gleichheit. Folgt man den Mechanismen der internen Vermittlung, steigen mit wachsender Gleichheit und Nähe (Aufhebung von Distanzen und Differenzen) die Gefahrenpotentiale. Freilich: Die Konflikte früherer Epochen waren nicht geringer. Mag in dem Ruf nach Égalité auch Konfliktstoff liegen – in ihrer Negation schlummern ebenso große Gefahren. Nach Palaver spiegelt die Entwicklung des mimetischen Begehrens, angefangen bei Cervantes bis hin zu Dostojewski, die Entstehung unserer modernen Welt[86] wider, einer Welt, in der die überlieferten, ständischen Differenzen zugunsten der Postulate von Gleichheit und Demokratie immer mehr verschwinden.[87] Die Gegenwart (die moderne Welt) wird, so der Interpret, geprägt von Konkurrenzdruck, Rivalität, von Konflikten, Neid, Eitelkeit, Stolz und Eifersucht, die einen Sinn für Differenz vermissen lassen:

> »Mimetische Rivalitäten können derart intensiv werden, daß die Rivalen sich gegenseitig diskreditieren, einander ihrer jeweiligen Besitztümer berauben, sich gegenseitig die Ehefrau abspenstig machen und schließlich selbst vor Mord nicht zurückschrecken.«[88]

---

[86] Anmerkung: »Die Moderne strebt nach der Gleichheit unter den Menschen und neigt deshalb instinktiv dazu, die Unterschiede als Hindernisse auf dem Weg zur Harmonie der Menschen untereinander zu sehen, und zwar auch dann, wenn diese Unterschiede nichts mit dem sozialen oder wirtschaftlichen Status des einzelnen zu tun haben.«, Girard, René, Das Heilige und die Gewalt, S. 78.
[87] Vgl. Palaver, Wolfgang, René Girards mimetische Theorie, S. 89-90.
[88] Girard, René, Ich sah den Satan vom Himmel fallen wie einen Blitz, S. 26.

3.6 Das mimetische Begehren und die Frage nach dem Verständnis von Gewalt bei Girard

> »Das Wort ›Aggression‹ selbst ist sehr aggressiv, denn wenn wir die Gewalt als Aggression definieren, würde sich niemand von uns diese Eigenschaft zuschreiben. Wir definieren Gewalt als etwas, das den anderen eigen sei, die aggressiv oder Aggressoren seien [...]. Keine Form der Gewalt entwickelt sich, in dem sie sich selbst als Gewalt, als Aggression definiert.«[89]

3.6.1 Was mimetische Rivalität bedeutet und wie sie zu Konflikt und Gewalt führt

Die Rivalität nimmt zu, je näher Subjekt und Mittler sich kommen, das Objekt rückt nach und nach in den Hintergrund. Im Mittelpunkt der Rivalität steht also letzten Endes nicht wirklich das Objekt, sondern der Wunsch nach dem Wesen des Mittlers, der Wunsch, es zu besitzen, so zu sein, wie das Modell, denn »jede Begierde ist der Wunsch, zu sein«[90].

Das eigentliche Begehren zielt auf das Wesen des Mittlers ab, dessen Prestige sich auf das Objekt überträgt und dieses verklärt. Wenn wir versuchen, von einer anderen Person »das Wesen zu erwerben«, so zu sein wie diese Person, dann verfallen wir in mimetische Rivalität. Wenn wir versuchen, etwas zu erwerben, unsere Begierde zu stillen, dann ist es nicht das Objekt an sich, um das wir kämpfen, sondern das Wesen, welches das Objekt darstellt oder repräsentiert. Mimetische Rivalitäten sind von

---

[89] Girard, René, Vattimo, Gianni, Christentum und Relativismus. Freiburg 2008, S. 57.
[90] Girard, René, Wenn all das beginnt ..., S. 28.

intensivem Konkurrenzkampf und Wettbewerb geprägt. »Rivalisierende Begehren sind deshalb so gefährlich, weil sie sich tendenziell gegenseitig verstärken. Gesteuert wird dieser Konflikttypus vom Eskalations- und Übertreibungsprinzip«[91]. Die beiden Rivalen werden von dem Verlangen ihrer Begierde und dem Gefühl getrieben, dass sie sprichwörtlich sterben, wenn sie nicht in den Besitz des Objektes kommen.

Girard beschreibt die mimetische Rivalität als die Hauptquelle zwischenmenschlicher Gewalt, welche nicht zufällig entsteht, »aber auch nicht die Frucht eines ›Aggressionsinstinkts‹ oder eines ›Aggressionstriebs‹« ist.[92]

Mimetisches Begehren ist grundlegend von Interessenkonflikten geprägt (»Mimetic desire is fundamentally conflictual«[93]) und somit auch von Gewalttätigkeiten. Was aber meint Girard mit »Gewalttätigkeit«, wie ist seine Definition von Gewalt? Girard selbst antwortet an diesem Punkt:

> »Wenn ich von Gewalttätigkeit spreche, beziehe ich mich nicht auf Aggressivität; in Formen von Vergeltungsmaßnahmen und Rache oder als Prinzip des Auge um Auge, Zahn um Zahn sehe ich sie vielmehr als allen gesellschaftlichen Dynamiken inhärent an. Dies weil der Mensch zutiefst kompetitiv ist und immer das erstrebt, wonach auch andere streben. Weil er [...] ‚mimetisch' veranlagt ist, weshalb er zu einem Typ von Konflikt neigt, der ein innerer und wechselseitiger ist sowie potentiell endlos,

---

[91] Girard, René, Ich sah den Satan vom Himmel fallen wie einen Blitz, S. 23.
[92] Ebd., S. 26.
[93] Insights with René Girard, Uncommon Knowledge, Interview by Peter Robinson, Hoover Institution, 2009.

der Teufelskreise von Gewalt in Gang bringt, denen kein gesetzgeberisches System Einhalt zu gebieten mag.«[94]

Gewalt kann viele Gesichter haben. Schon Konkurrenz birgt Gewalt in sich, ohne in Mord, Krieg oder Totschlag umschlagen zu müssen. Gewalt kann auch psychischer und anderer Natur sein.

Girard macht deutlich, dass Gewalt für ihn ein wesentlicher, integraler Bestandteil menschlicher Gesellschaften[95] und Religionen darstellt. Indem er davon spricht, dass die Gewalt »allen gesellschaftlichen Dynamiken« (und Religionen) innewohnt und der Mensch »zutiefst kompetitiv« ist, gewinnt auch sein Verständnis der Konstitution von Gesellschaft überhaupt an Kontur.[96]

Die durch das objektfixierte Begehren und alle Formen des *feedbacks* ständig produzierte Gewalt soll zwar durch »Kontrollinstanzen«[97] unterbunden werden, jedoch werden eben diese Kontrollinstanzen permanent außer Kraft gesetzt. Nichts kann dem »Teufelskreis der Gewalt« Einhalt gebieten, die diagnostizierte Eigendynamik scheint übermächtig. Wenn Girard von Kontrollinstanzen spricht, so meint er »alle Mechanismen der Höflichkeit, des guten Tons, die Verbote, die Tabus, [...] die Kul-

---

[94] Girard, René, Vattimo, Gianni, Christentum und Relativismus, S. 25-26.
[95] Anmerkung: Girard bezieht sich hier auf primitive Gemeinschaften, da er seine Theorie auf Studien und Beobachtungen über solche gründet. U. a. stützt er sich auf James G. Frazer.
[96] Anmerkung: Auf diesen Punkt wird zu einem späteren Zeitpunkt noch einmal Bezug genommen.
[97] Girard, René, Jakob, Michael, Gespräch, S. 163.

tur überhaupt«[98]. Unter dem Gesichtspunkt sozialer Stabilität hält Girard die immanenten Konfliktlagen für höchst gefährlich, da sie die genannten Mechanismen zur Disziplinierung permanent unterlaufen bzw. aushöhlen.

3.6.2 Das Heilige und die Gewalt

> »Es ist die Gewalt, die Herz und Seele des Heiligen ausmacht.«[99]

Während das *mimetische Begehren* Hauptgegenstand von Girards erstem Buches ist, findet sich in *Das Heilige und die Gewalt* ein zweiter wesentlicher Themenaspekt, der sich seither wie ein roter Faden durch alle seine Arbeiten und Veröffentlichungen zieht: das Thema der *Gewalt*, das zum Ausgangspunkt einer umfassenden Kulturtheorie wird.

Den Kerngedanken bildet die These vom *Sündenbockmechanismus*, welche besagt, dass die menschliche Kultur aus einem kollektiven Gründungsmord entstanden sei. Wie Girard hier und später auch in *Le Bouc émissaire* (Girard 1982, eng. 1986: *The Scapegoat*, dt. 1988: *Der Sündenbock*) ausführt, begründen sich die ersten Formen der Zivilisation, entsprungen aus archaischen Krisensituationen, auf eben jenem Mechanismus der gemeinschaftlichen Gewalt.

Was in der Analyse der weltliterarischen Werke – vor allem jener von Dostojewski – nur angedeutet war, wird in einen gesell-

---

[98] Ebd.
[99] Girard, René, Das Heilige und die Gewalt. Frankfurt/Main 1994, S. 51.

schaftlichen und historischen Rahmen gesetzt. Ihm fällt für die Gesamttheorie Girards ein immenser Stellenwert zu.

Bei der Analyse und Ergründung der Gewalt in menschlichen Gesellschaften und deren kulturellen Bedeutung greift der Autor zunächst nicht auf historische Ereignisse und Texte der jüngeren Vergangenheit zurück, sondern vor allem auf Berichte und Erzählungen von Ethnologen sowie Texte der Antike, die bis in die moderne Welt hineinwirken. Im Bereich der Ethnologie hatten vor allem die Arbeiten von James George Frazer (1854-1941) großen Einfluss auf Girard, der dessen Werk *The Golden Bough: A Study in Magic and Religion* (Frazer 1890,1922[100], dt. 1928: *Der Goldene Zweig. Das Geheimnis von Glauben und Sitten der Völker*) intensiv studierte. Frazer entdeckte, sammelte und analysierte in seinen ethnologischen Studien Sündenbockriten in den unterschiedlichen Kulturen. Girards Interesse gilt vor allem Erkenntnissen über menschliche Gesellschaften, die gängigerweise auch als »primitive Gesellschaften« bezeichnet werden, ohne dass damit eine Geringschätzung verbunden wäre.[101] Auch die Forschungen und Mytheninterpretation des französischen Anthropologen und Ethnologen Claude Lévi-Strauss (1908-2009) sind für Girard von Relevanz. Er [Girard] bezeichnet den Strukturalismus als »fortschrittliche Theorie«, akzentuiert jedoch »im Gegensatz zum Strukturalismus die Parallelen und Gemeinsamkeiten zwischen Riten und Mythen«[102]. Ihm geht es weniger um

---

[100] Anmerkung: First Edition in 2 Bänden, 1900: Second Edition in 6 Bänden, 1911-1915: Third Edition in 12 Bänden, 1922: Abridged Edition in 1. Band (An abridgement in one volume of the twelve volumes of the third edition).
[101] Vgl. Girard, René, Das Heilige und die Gewalt, S. 33 ff.
[102] Palaver, Wolfgang, René Girards mimetische Theorie, S. 236.

die Unterschiede zwischen den Kulturen, sondern vielmehr darum, was ihnen gemeinsam ist, denn was dort gilt, könnte überall gelten.[103]

Nach Girard ist das Problem nicht die Gewalt an sich, sondern die Art und Weise, wie Gesellschaften damit umgehen: Gewalt ist gesellschaftlichen Dynamiken immanent (siehe 3.6.1).

Zwar bemühen sich Gesellschaften, die Gewaltpotentiale einzudämmen und zu vermeiden, doch können sie sich der Gewalt nicht gänzlich entziehen. Sobald Gewalt auch nur an einer Stelle zutage tritt, wird die Gesellschaft angesteckt. Gewalt breitet sich aus. Girard spricht im Kapitel *Krise des Opferkultes* vom Phänomen der *Entdifferenzierung*, d. h. der Aufhebung aller Unterschiede innerhalb einer Gesellschaft durch Gewalt und der Unmöglichkeit, sich voneinander abzugrenzen:

> »Es gibt keinen Unterschied zwischen den Gegenspielern [...], weil die Gewalt alle Unterschiede tilgt. [...] Je länger die [...] Rivalität andauert, desto mehr begünstigt sie die gewalttätige *Mimesis*, desto mehr vervielfacht sie die Spiegeleffekte zwischen Gegnern.«[104]

---

[103] Vgl. Thomas, Konrad, Ein anderes Verständnis von Gewalt. In: Moebius, Stefan, Quadflieg, Dirk (Hrsg.), Kultur. Theorien der Gegenwart. 2., erweiterte und aktualisierte Auflage. Wiesbaden 2011, S. 427. Und: Bereits erschienen als Online-Publikation unter dem Titel »Ein anderes Verständnis von Gewalt. Der gesellschaftsanalytische Beitrag des Literaturwissenschaftlers René Girard« (http://www.humanities-online.de).
[104] Girard, René, Das Heilige und die Gewalt, S. 74.

3.6.3 Gewalt und Religion

> »Unablässig versucht das Religiöse, die Gewalt zu besänftigen und deren Entfesselung zu verhindern. [...] Das Opfer trifft, [...], am Ende wieder auf das moralische und religiöse Leben insgesamt.«[105]

Nach Girard ist die Religion bzw. das Religiöse immer um Disziplinierung und Besänftigung der Gewalt bemüht und auf die Stiftung von Frieden gerichtet. Zwar sind Verbindung von Religion und Gewalt nicht zu übersehen – Gewalt ist im Inneren aller Religionen verankert (»Violence lies at the heart of religion«[106]) –, doch sieht Girard die Religion niemals als Ursache der Gewalt (so wie es heute vielerorts diskutiert wird). Sie ist für ihn die Negation von Gewalt, sie hat - auch wenn er Gräueltaten des Christentums nicht leugnet – etwas Friedenstiftendes und dient als Mittel zur Eindämmung von Gewalt.

»Die Frage der religiösen Gewalt ist zuallererst eine Frage des Menschen, eine gesellschaftliche und anthropologische Frage und nicht unmittelbar eine religiöse.«[107]

---

[105] Girard, René, Das Heilige und die Gewalt, S. 35-36.
[106] Vgl. Gallagher, Eugene V., [untitled review], in: Journal of the American Academy of Religion, Vol. 56, No. 4 (Winter 1988), pp. 788-790.
[107] Girard, René, Gewalt und Religion. Ursache und Wirkung? Herausgegeben von Wolfgang Palaver. Berlin 2010, S. 5.

3.6.4 Opfer, Opferung und Gewalt

> »Das Opfer schützt die ganze Gemeinschaft vor ihrer eigenen Gewalt, es lenkt die ganze Gemeinschaft auf andere Opfer außerhalb ihrer selbst.«[108]

Der Begriff des *Opfers* wird im vorliegenden Werk von zwei Seiten betrachtet, sowohl positiv als auch negativ. Versucht man der Bezeichnung etwas Positives abzugewinnen, so kann das Opfer als Mittel und Weg zu Frieden und Gerechtigkeit verstanden werden, in einer Welt, die von konfliktreichen, mimetischen Rivalitäten geprägt ist. Nach Girard muss dies aber so gewaltlos wie möglich geschehen, weil Gewalt von Natur aus mimetisch ist. Gewaltakte führen, unabhängig davon, ob gerechtfertigt oder nicht, leicht zu weiteren Gewalttaten. Oder in anderen Worten: Gewalt provoziert nur allzu leicht Gewalt. Negativ betrachtet, treten Opfer dann auf, wenn sich eine Gruppe gegen eine andere Person verbündet, sich so selber stärkt und in diesem Sinne bereichert. Der Gewinn der Gruppe ist eine neue, gestärkte Form der Einheit, des Zusammenhalts gegenüber einer oder mehreren Personen:

> »Scapegoat effects are not limited to mobs, but they are most conspicuously effective in the case of mobs. The destruction of a victim can make a mob more furious, but it can also bring back tranquility.«[109]

---

[108] Ebd., S. 18.
[109] Girard, René, The Girard Reader, S. 11.

4 Der Sündenbockmechanismus

> »Die Menschen wollen sich davon überzeugen, daß ihr Unglück von einem einzigen Verantwortlichen kommt, dessen man sich leicht entledigen kann.«[110]

Girard ist nach eigenem Bekunden nicht der Erste, der die Thematik des *Sündenbockmechanismus* behandelt, so sei bereits »Lévi-Strauss dem entscheidenden Motiv der mimetischen Theorie [nachgegangen], auch wenn er dies in einem Bereich tut, der seinen Formulierungen einen ganz anderen Sinn verleiht«[111]. Trotz der Unterschiede in der Verwendung bezeichnet Girard die Ähnlichkeiten als wesentlich.[112]

---

[110] Girard, René, Das Heilige und die Gewalt, S. 12. Anmerkung: Zitat über einen Aufsatz gefunden, jedoch scheint die Seitenzahl, auf der sich das Zitat im Originalwerk befinden soll, falsch angegeben zu sein. Die Ausgabe des Originalwerks Girards wurde ebenfalls überprüft. Die entsprechende Zitatstelle konnte noch nicht ermittelt werden. Daher ein zweiter Zitatverweis: Girard, René, zitiert nach: Nordhofen, Susanne, Christa Wolfs Medea. Mythos und Tragödie im Licht der mimetischen Theorie. In: Dieckmann, Bernhard, Das Opfer – aktuelle Kontroversen. Religions-politischer Diskurs im Kontext der mimetischen Theorie. Deutsch-Italienische Fachtagung der Guardini Stiftung in der Villa Vigoni 18.-22. Oktober 1999. Münster 2001, S. 82.
[111] Girard, René, Die verkannte Stimme des Realen. Eine Theorie archaischer und moderner Mythen. München 2005, S. 9.
[112] Vgl. Ebd., S. 11. Anmerkung: »Am Ursprung eines jeden Mythos steht stets ein neuer Sündenbockmechanismus, das heißt ein heftiger mimetischer Furor der ganzen Gemeinschaft, der sich aus unbedeutenden, oftmals zufälligen Gründen spontan gegen ein beliebiges Opfer entlädt.«, ebd., S. 11.

Haben Konflikte zur Folge, dass Ordnung und Strukturen einer Gesellschaft ins Wanken geraten, kann sich die Gewalt unkontrolliert und unaufhaltsam ausbreiten. Das bedeutet, dass das Gesamtgefüge der Gesellschaft vor dem Aus steht. Die Gesellschaft läuft Gefahr, sich von innen heraus und ohne Einflussnahme von außen aufzulösen. Steuert eine Gesellschaft auf einen solchen Punkt zu, liegt ihre einzige Möglichkeit, diesen Prozess zu stoppen, darin, dass sie sich als Kollektiv gegen einen Einzelnen zusammenschließt.

>»Wenn eine Gemeinschaft über keine politischen oder rechtlichen Mittel mehr verfügt, ihre inneren Spannungen zu bewältigen, wird sie zwangsläufig versuchen, die Verantwortungen für all ihre Malaisen einem oder mehreren Individuen zuzuschieben.«[113]

Diesem Einzelnen wird die Rolle des *Scapegoats*, des Sündenbocks, zugeschoben, der die alleinige Verantwortung für jegliche Konflikte, jegliche Missstände oder jegliches Chaos trägt. Die durch den *Sündenbockmechanismus* neu gewonnene bzw. wiederhergestellte Einmütigkeit und Solidarität innerhalb der Gemeinschaft stellt den Frieden erneut her. Dem Sündenbock kommt hierbei eine doppelte Rolle zu: Einerseits wird er als verantwortlich und als der Schuldige allen Übels betrachtet, andererseits rettet er die Gemeinschaft und nimmt eben dadurch eine heilige, verehrungswürdige Stellung ein.

Diesen Übergang zu einer neuen Gesellschaftsordnung durch den *Sündenbockmechanismus* bezeichnet Girard als Urszene, als Ursprung, aus der sich Kultur (erneut) entfalten kann. In ihrem

---

[113] Girard, René, Die verkannte Stimme des Realen, S. 34.

Rahmen ist es die Aufgabe der Kontrollinstanzen, wie Höflichkeit, Verbote, Verzicht oder Tabus, ein Wiederaufflammen der Gewalt zu verhindern, während der Ritus zur Reproduktion der Krise dient, um durch einen an- bzw. abschließenden (symbolischen) Opferungsakt eine tatsächliche Übertragung auf die Realität zu vermeiden (siehe auch Punkt 6.2 *Zum Ritual*):

> »Sacrifice is the resolution and conclusion of ritual because a collective murder or expulsion resolves the mimetic crisis that ritual mimics. What kind of mechanism can this be? [...] this resolution must be the realm of what is commonly called a scapegoat effect.«[114]

Die Konstruktion von Sündenböcken ist ein Mechanismus, mimetische Begierde nicht zu einem Krieg aller gegen alle werden zu lassen. Menschliche Kulturen wissen instinktiv, dass ein solcher Krieg katastrophale Folgen haben würde, und wehren diesen unbewusst – ohne um die Zusammenhänge zu wissen – durch den *Sündenbockmechanismus* ab.

4.1 Der Begriff des *Sündenbocks*

Erst am Ende des Mittelalters findet sich der Begriff des Sündenbocks in seiner gegenwärtigen Konnotation einer gemeinschaftlichen mimetischen Ausrichtung. Das Opfer, gegen das sich die Gemeinschaft richtet, ist kaum oder gar nicht an dem beteiligt, wofür es verantwortlich gemacht werden soll. In allen modernen Sprachen verweist das Wort *Sündenbock* (engl: *scapegoat*, frz.: *bouc émissaire*) ausdrücklich auf die spontane Tö-

---

[114] Girard, René, The Girard Reader, S. 10.

tung oder Vertreibung sowie auf den religiösen Ritus oder auf ähnliche Riten in anderen Kulturen. Die moderne Konnotation »bezieht sich auf einen Mechanismus der im Grunde willkürlichen, aber als solche nicht wahrgenommenen Zuweisung der Opferrolle (Viktimisierung) [...].«[115]. So leitet sich die heutige Verwendung freilich aus dem rituellen Sinn ab, differiert jedoch von diesem, »insofern er [der Sinn] die von allen gleichermaßen geteilte Vorstellung bezeichnet, daß das Opfer schuldig ist; eine Vorstellung die durch die mimetische Ansteckung entstanden ist« und dem »spontanen Einfluss [entspringt], den die Mitglieder ein und derselben Gemeinschaft aufeinander ausüben.«[116]

4.2 Der *Sündenbockmechanismus*

> »Die Dynamik der Mimesis trägt selbst das Potential zur Lösung der Krise in sich.«[117]

Der Sündenbockmechanismus, dem die archaische Religion entspringt, ist nach Girard eine uralte Art menschlicher Gesellschaften, sich unbewusst der Konflikte zu entledigen, welche ihren Ursprung in der mimetischen Rivalität haben. Der Sündenbock ist das Opfer einer Gruppe von Menschen oder einer Gesellschaft, die sich einstimmig und kollektiv gegen ein einzelnes Opfer zusammenrotten, um das Überstehen der Krise und so das Überleben der Gruppe zu garantieren. Um ihre Gewalt und Gewalttätigkeit gegen den Sündenbock zu rechtfertigen, wird die

---

[115] Girard, René, Die verkannte Stimme des Realen, S. 44.
[116] Ebd., S. 11.
[117] Palaver, Wolfang, René Girards mimetische Theorie, S. 199.

einzelne Person, die verwundbar und einfach anders ist, all der Taten, Vorkommnisse und Verbrechen angeklagt, die die Stabilität der Gruppe oder der Gesellschaft gefährden. Eine Person klagt den designierten Sündenbock an, schon bald stimmen andere Mitglieder der Gruppe in die Anschuldigungen mit ein, sie imitieren diese, was so lange andauert, bis sich alle im Kollektiv gegen die einzelne Person zusammengeschlossen haben. Als Beispiel für eine Anschuldigung erwähnt Girard den »bösen Blick«, der ausreicht, um ein Individuum zum Sündenbock zu machen.

> »[...] Jedes Mißgeschick, das der Gemeinschaft als ganzer oder einem ihrer Mitglieder zustößt, [kann sie] als weitere Bestätigung dafür auffassen, dass der Vorwurf gerechtfertigt ist. Wegen seiner ungeheuren Wirkung und seiner völligen Unbestimmtheit ist der ›böse Blick‹ als Anschuldigung hervorragend geeignet, weil er keiner rationalen Widerlegung zugänglich ist.«[118]

In Wahrheit ist der Sündenbock – im Vergleich zu anderen Mitgliedern der Gruppe – ebenso unschuldig wie diese. Der Sündenbock kann sich aber der Anschuldigungen und des ihn anklagenden Kollektivs nicht erwehren. Während die Ankläger ihn immer mehr isolieren und ins Verderben stürzen, werden diese ihrerseits immer stärker zusammengeschweißt, bis sie schließlich in der Lage sind, alle Probleme auf den Sündenbock zu len-

---

[118] Girard, René, Die verkannte Stimme des Realen, S. 34. Dazu: Girard erwähnt, dass es auch heute noch Gemeinschaften und Bevölkerungsgruppen – u. a. in manchen Gegenden Italiens gibt, die dem *malochio* bestimmter Individuen eine Bedeutung und Macht zuschreiben,
vgl. ebd. 33-34.

ken. Sozialer Zusammenhalt und Friede werden auf Kosten eines Sündenbocks geschaffen, der nun, zum Wohle der Gruppe und Gemeinschaft, geächtet, verstoßen oder getötet wird. Dies stellt die endgültige Form des Opfers dar. In ihr realisiert sich ein nahezu perfektes System der »Spurenverwischung«[119], nicht frei von verklärender Selbsttäuschung. Nach Girard wohnt dem Gewaltakt der Opferung, dem Tod des Sündenbocks, aber auch eine heilige Qualität, eine heilige Eigenschaft, inne.

Das Heilige des Sündenbocks

> »In einer gewaltlosen Atmosphäre zähmt der religiöse Primitive die Gewalt, reguliert sie, ordnet und kanalisiert sie, um sie so gegen jede Form von wirklich unerträglicher Gewalt wenden zu können. Er schafft damit eine einzigartige Verbindung von Gewalt und Gewaltlosigkeit.«[120]

> »Weil der Sündenbock effektiv die Wirkung hat, die Gewalt einzudämmen, nimmt er auch einen heiligen göttlichen Charakter an.«[121]

Traditionell ist das Opfer in alten und primitiven Kulturen als Mittel und Weg aufgefasst worden, den Zorn von Göttern oder Gott zu beschwichtigen. Kollektive und einstimmige Gewalt gegen einen Sündenbock wurde somit als »gute Gewalt« und als »heilig« verstanden, weil sie a) die permanent präsente mimeti-

---

[119] Vgl. Girard, René, Das Ende der Gewalt, S. 83. Und nach: Palaver, Wolfgang, Die mimetische Theorie René Girards, S. 244.
[120] Ebd., S. 36.
[121] Girard, René, Vattimo, Gianni, Christentum und Relativismus, S. 89-90.

sche Rivalität für einen gewissen Zeitraum unterbrach und b) vorübergehend die Gemeinschaft wieder einigte und Frieden brachte.

In alten Kulturen wurde das sakrifizielle Opfer als Dämon und Gott zugleich gesehen. Als Dämon, weil es für all die Probleme und all das Unheil, mit der eine Gesellschaft zu kämpfen hat, verantwortlich gemacht wurde. Als Gott, weil es nach seiner Opferung nicht selten verehrt oder vergöttlicht wurde, hatte doch sein Tod der Gemeinschaft Einheit, Freude und Frieden verschafft.

Die Wichtigkeit, die dem Sündenbock zukommt, besteht in der Bändigung mimetischer Rivalitäten. Damit sich die im Konflikt befindende Gemeinschaft jedoch gegen den Sündenbock vereinigen kann, müssen ihre Mitglieder in der Lage sein, sich bis zu einem bestimmten Maße mit dem Sündenbock zu identifizieren. Der Sündenbock muss zur Gesellschaft gehören, allerdings bestimmte Eigenschaften und Andersartigkeiten aufweisen, die ihn isolieren und in den Augen der anderen zumeist als schwach erscheinen lassen. Sündenböcke stehen in der Regel am Rande der jeweiligen Gesellschaft. Von Kultur zu Kultur sieht die jeweilig dominante Gruppe den potentiellen Sündenbock als eine Art »sozialen Niemand« an. Der Sündenbock ist oft ein schwächeres Mitglied in der Gemeinschaft, das keinen wirklichen Rückhalt hat und als verwundbar gilt, denn, wäre dies nicht so, gäbe es Mitglieder, die für den Sündenbock Partei ergreifen und sich auf dessen Seite schlagen würden. Die Diskriminierung des Sündenbocks würde ins Stocken geraten, der Sündenbockmechanismus nicht funktionieren. Vergeltungsmaßnahmen wären die Folge, wodurch sich der Konflikt verlängern würde. Die menschliche Geschichte, so Girard, weise die Tendenz auf, dass Mehrheiten Minderheiten aufgrund von Kultur, Geschlecht, physischen oder religiösen Differenzen diskriminieren und überhaupt erst die Voraussetzungen schaffen, um Sündenböcke zu erfinden. Andererseits muss der Sündenbock nicht zwangsläufig ein schwaches Mitglied sein. Der entscheidende Punkt ist, dass er einigermaßen isoliert ist und am Rande der Gesellschaft steht. Auch Herrscher können sich in die Rolle von Sündenböcken begeben.

5 Girard und die Theologie des Christentums

In einem Interview wurde Girard gefragt, ob der christliche Glaube anderen Religionen überlegen sei. Seine Antwort war ein klares »Ja«[122]. Das Ziel seiner Arbeit sei es und sei es immer gewesen, zu zeigen, dass das Christentum bzw. der christliche Glaube höher stehend sei und keine weitere Mythologie darstelle. So betont Girard in seinem Werk den humanistischen Mehrwert der biblischen und christlichen Perspektive unter den Religionen.

> »Das Christentum [ist] im Vergleich zu anderen Religionen unendlich umfassender und aufnahmefähiger [...]. Die archaischen Religionen existierten 50.000 Jahre lang, jede unterschied sich von der anderen, aber alle waren in gewissem Sinne vorchristliche Formen, ein ›gescheitertes‹ Christentum, gerade weil sie an die Schuld des Opfers glaubten und seine Unschuld nicht erkannten.«[123]

5.1 Girard und Theologie

Girards Anliegen besteht in einer anthropologischen Rechtfertigung des biblischen Denkens, dessen Plausibilität er weitgehend losgelöst von gängigen theologischen Voraussetzungen aufzeigen möchte.[124] Die Kultur, die sich im *Sündenbockmechanismus* begründet, bildet nach seinem Verständnis ein geschlossenes

---

[122] Girard zitiert nach: Gardels, Nathan, Interview mit René Girard. Ist das Christentum allen anderen Religionen überlegen? In: Welt Online vom 14.05.2005.
[123] Girard, René, Vattimo, Gianni, Christentum und Relativismus, S. 50-51.
[124] Vgl. Palaver, Wolfgang, Die mimetische Theorie René Girards, S. 290.

System der Gewalt. Dem Menschen ist es unmöglich, dieses System von innen heraus, aus eigener Kraft, zu überwinden, denn »kein Denksystem kann jenes Denken denken, das es zu zerstören fähig ist«[125]. Daher kann der einzige mögliche Ausweg aus dem Gewaltzyklus nur von außerhalb der menschlichen Welt und außerhalb des menschlichen Verstandes kommen. Dieser gewaltfreie Ausweg offenbart sich in der Nachahmung Jesu, der »den Friede[n] Gottes, der alles Verstehen übersteigt«[126] (Phil 4,7) verkörpert.

5.2 Altes Testament, Neues Testament und die Evangelien

Mit der Wiederentdeckung der Evangelien wird das Christentum für Girard zu einem neuen Fundament seines Denkens: »The main source of my intuition is the Gospels, which unmask the role of collective murder.«[127] Doch basieren seine Einsichten auch auf Studien des *Alten Testaments*, das Texte enthält, die archaische Mythen nicht-monotheistischen Ursprungs aufnehmen und verarbeiten. Sie erlauben es, von mythischen Seiten der Bibel zu sprechen. Girards Interesse gilt insbesondere den Büchern *Mose* und dem Buch *Hiob*.[128]

Girard zieht die Geschichte von *Joseph und seinen Brüdern* zur Veranschaulichung bzw. Illustration des Unterschieds zwischen

---

[125] Girard, René, Der Sündenbock. Zürich 1988, S. 294.
[126] Girard, René, Vattimo, Gianni, Christentum und Relativismus, S. 105.
[127] Girard, René, Evolution and Conversion. Dialogues on the Origins of Culture. With Pierpaolo Antonello and Joao Cezar de Castro Rocha. London 2010, S. 136.
[128] Vgl. Palaver, Wolfgang, René Girards mimetische Theorie, S. 264ff.

biblischer und mythischer Perspektive heran und vergleicht sie mit dem Ödipus-Mythos.[129] Beide Texte weisen in seiner Lesart Gemeinsamkeiten und Unterschiede auf. Liegt die Gemeinsamkeit darin, dass sowohl Joseph als auch Ödipus in jungen Jahren ein Sündenbockschicksal zuteilwird (Ödipus wird von seinen Eltern verstoßen, Joseph von seinen Brüdern verkauft), besteht der Unterschied in der weiteren Behandlung des Opfers: Ödipus wird aufgrund des Inzests mit seiner Mutter für die Pest von Theben verantwortlich gemacht, Joseph hingegen von dem Vorwurf, ein Verhältnis mit der Frau eines väterlichen Freundes angefangen zu haben, freigesprochen. Hier offenbart sich eine Differenz, die für Girards Kulturkonzeption von wesentlicher Bedeutung wird: Während die Mythen als Verfolgungstexte zu klassifizieren sind, stellen sich die biblischen Texte immer auf die Seite des Opfers.

Das Buch Hiob verkörpert jenen Teil des Alten Testaments, mit dem sich Girard am intensivsten auseinandersetzt. In seiner Analyse von Hiobs Schicksal, die auch in Buchform unter dem Titel *La route antique des hommes pervers* (Girard 1985, eng. 1987: *Job, the Victim of His People*, dt. 1990: *Hiob – ein Weg aus der Gewalt*[130]) erschienen ist, kommt er zu dem Schluss, dass nicht Gott für die Leiden Hiobs verantwortlich ist, sondern die Gemeinschaft, zu deren Sündenbock er geworden war.

---

[129] Vgl. Girard, René, Ich sah Satan vom Himmel fallen wie einen Blitz, S. 59, 186, 236.
[130] Girard, René, Hiob. Ein Weg aus der Gewalt. Zürich 1990.

Das *Neue Testament* führt die biblische Offenbarung zu ihrer Vollendung.[131] Im Mittelpunkt stehen für Girard die Leiden Jesu und die Bergpredigt. Zwar könnte auf den ersten Blick auch die Passionsgeschichte Jesu als Mythos gelesen werden, in der es zu einer kollektiven Zusammenrottung gegen einen Einzelnen (Jesus) kommt – selbst Freunde und Jünger beteiligen sich mit Verrat, Abkehr und Verleumdung daran.[132] Doch wäre dies nach Girard nicht die richtige Lesart. Vielmehr gilt es, die Perspektive umzukehren und gerade nicht im Stile von Mythen die Sichtweise der Verfolger einzunehmen, sondern die des Opfers:

> »Jesus wird uns als das unschuldige Opfer einer krisengeschüttelten Gesellschaft präsentiert, die in der Gegnerschaft gegen ihn, zumindest vorübergehend, wieder zusammenfindet. Alle in das Leben und in den Prozess Jesu verwickelten Gruppen, ja alle irgendwie Beteiligten stimmen schließlich explizit oder implizit dieser Tötung zu: die Menge in Jerusalem, die jüdischen Religionsbehörden, die römischen politischen Behörden und sogar die Jünger, denn jene, die Jesus nicht verraten oder aktiv verleugnen, fliehen oder bleiben passiv. Diese Menge aber [...] ist genau jene Menge, die wenige Tage zuvor Jesus voller Begeisterung empfangen hatte. Sie wendet sich gegen einen einzigen Mann und fordert dessen Tod mit Nachdruck, der [...] Züge einer irrationalen Massenbewegung trägt.«[133]

Die Evangelien sehen Jesus als unschuldiges Opfer (»Sie haben mich ohne Grund gehasst«[134]), eine Interpretation, die Mythen verkennen oder nicht in Betracht ziehen. Zwar findet der Begriff

---

[131] Vgl. Palaver, Wolfgang, René Girards mimetische Theorie, S. 271ff.
[132] Vgl. Ebd., S. 271.
[133] Girard, René, Das Ende der Gewalt, S. 218.
[134] Zitiert nach: Ebd., S. 221.

des *Sündenbocks* nicht direkt Verwendung, manifestiert sich aber in dem Ausdruck *Lamm Gottes*[135], sodass eine Brücke zum *Neuen Testament* geschlagen ist.

Betrachtet man Girard als Religionstheoretiker, so nimmt er im Vergleich zu vielen seiner Fachkollegen eine eher untypische, eigenwillige Haltung ein. Texte des Evangeliums lassen sich auch auf eine »nichtsakrifizielle«[136] Art lesen.[137] Niemals wird in den Evangelien Gott Gewalt zugewiesen, sondern stets den Menschen.[138] Wenn Theologen oder Religionsforscher dennoch glauben, einen »lebendigen alten göttlichen Zorn« oder apokalyptische Züge ausmachen zu können, diagnostiziert Girard Einflüsse bzw. Fernwirkungen des *Alten Testaments*.[139]

Wie skizziert, bildet der *Sündenbockmechanismus* einen möglichen Weg aus der Krise, der jedoch in Form des kollektiven Zusammenschlusses aller gegen einen Einzelnen von Gewalt geprägt ist. Demgegenüber äußert sich die Besonderheit des *Neuen Testaments* in der Eröffnung eines von Gewalt freien Weges aus der mimetischen Rivalität. Dieser Weg wird von Jesus beschritten. Zum Beleg wird die Bergpredigt (Mt 5,43), in der Jesus lehrt, den Feind zu lieben, seine Ehre in Gott zu haben, da Gott »seine Sonne über Böse und über Gute aufgehen und über Ge-

---

[135] Vgl. Palaver, Wolfgang, René Girards mimetische Theorie, S. 271.
[136] Vgl. Palaver, Wolfgang, Ende oder Transformation des Opfers. René Girards Ringen um eine Opfertheorie. In: Bibel und Kirche - Organ der Katholischen Bibelwerke in Deutschland, Österreich und der Schweiz, 64. Jg. (2009) 3. Quartal, Seite 173-178.
[137] Vgl. Girard, René, Das Ende der Gewalt, S. 239.
[138] Vgl. Ebd., S. 239.
[139] Vgl. Ebd., S. 239-240.

rechte und Ungerechte regnen läßt«¹⁴⁰. Es gilt, Jesus nachzuahmen, denn er ist »das einzige Vorbild, dessen Nachahmung nicht zur schlechten Gegnerschaft der Doppelgänger führt, [und], keine ›rivalisierende‹ Aneignungsbegierde kennt«¹⁴¹. Rivalität und Konflikte sind aufgehoben. Vielmehr weist uns Jesus den Weg zu Gott, den er selbst nachahmt: »Ahmt mich nach, wie ich den Vater nachahme.«¹⁴² Wer ihm folgt, muss nicht länger der archaischen Opferlogik folgen.

In *Je vois Satan tomber comme l'éclair* (Girard 1999, eng. 2001: *I See Satan Fall Like Lightening*, dt. 2002: *Ich sah den Satan vom Himmel fallen wie einen Blitz. Eine kritische Apologie des Christentums*) resümiert Girard seine These:

> »Um die mimetische Einheit zu brechen, muß eine der gewalttätigen Ansteckung überlegene Macht angenommen werden, [die] auf dieser Erde [nicht] existiert, [...] eine dem mimetischen Furor überlegene Macht [...]. Im Unterschied zu ihm haftet dieser Macht nichts Halluzinatorisches oder Lügnerisches an. Sie führt die Jünger nicht hinters Licht, sondern versetzt sie in die Lage zu sehen, was sie vorher nicht zu sehen vermochten; sie befähigt sie, sich ihre klägliche und kopflose Flucht der vergangenen Tage vorzuwerfen und sich der Teilnahme am mimetischen Furor gegen Jesus für schuldig zu bekennen.«¹⁴³

Der Gott der Evangelien ist ein Gott der Opfer. Sie offenbaren, dass die mimetischen Begehren und Rivalitäten nur zu Neid,

---

[140] Girard, René, Wenn all das beginnt ..., S. 73.
[141] Palaver, Wolfgang, Die mimetische Theorie René Girards, S. 279.
[142] Girard, René, Wenn all das beginnt ..., S. 74.
[143] Girard, René, Ich sah den Satan vom Himmel fallen wie einen Blitz, S. 235-236.

Hass und Mord führen. Jesus wird zwar als Sündenbock geopfert, durchbricht aber dessen Mechanismus. Da Gott ein Gott der Opfer ist und die Evangelien auf der Seite des Opfers stehen, können sie – per definitionem – nicht Partei für die Verfolger ergreifen. Indem sie jegliche Gewalt verwerfen, lassen sie nur einen gewaltfreien Ausweg zu. Gewalt wird erduldet. Jesus wird als »Lamm Gottes« bezeichnet, das nicht wegläuft, wenn es zur Schlachtbank geführt wird, das nicht schreit, sich nicht wehrt und die Gewalt bis zum Letzten erträgt, um die »Sündhaftigkeit der Welt«[144] auf sich zu nehmen. Warum Jesus die Opferrolle akzeptiert, alle Schuld und Sünden ohne Gegenwehr auf sich nimmt, bleibt laut Girard jedoch unklar:

> »Jesus accepts to be the victim, and we don't really know why [.] There, what the Gospel said is that it is God himself who has allowed all this scapegoating, and says, ›You can forgive me, since now I am ready to become your victim myself.‹«[145]

Mit der Nachahmung Gottes geht eine Haltung des Verzichts einher, die uns einen Ausweg aus den tödlichen Konflikten der mimetischen Rivalität bietet, ohne dabei jedoch die Nachahmung aufzugeben. Ihre neue Version wird als *positive Mimesis* bezeichnet. In den Mittelpunkt rückt die Erfahrung der Feindesliebe[146], die allen Zuflucht bietet[147].

Mit dem *neuen* Christentum wird der Kreislauf der Gewalt aufgehoben, indem wir - so Girard - aufhören, »die wichtigen Leute

---

[144] Vgl. Palaver, Wolfgang, Die mimetische Theorie René Girards, S. 285.
[145] Girard, René, zitiert nach; Haven, Cynthia, René Girard. Stanford's provocative immortel is a one-man institution, in: Stanford Report, June 11, 2008.
[146] Vgl. Ebd., S. 371.
[147] Vgl. Ebd., S. 254.

der Gesellschaft groß darzustellen und die anderen klein. Jeder wird absolut gleich wahrgenommen«[148]. Ohne Frage finden sich hier Anspielungen auf Platon, der in der positiven Mimesis, d. h. in der Nachahmung der positiven Ideen, das unabdingbare Ziel menschlichen Lebens sieht (vgl. 3.1). Aber das Christentum ist viel mehr. Es »demystifiziert die Religion« überhaupt und stellt damit die Menschheit vor Probleme, die sie bislang zu lösen außerstande war: »Demystification, which is good in the absolute, has proven bad in the relative, for we were not prepared to shoulder its consequences«[149]. Zum analytischen Dilemma, aber auch zu einer Hoffnung in der Nachfolge Christi wird für Girard, dass »wir nicht christlich genug sind«[150]. Doch habe das Christentum »als einzige Religion«[151] seinen eigenen Fehlschlag vorausgesehen. Obgleich die »Wahrheit« im geschichtlichen Raum stehe, wolle sie niemand hören. So drohe die Apokalypse.

Was hier als Ausdruck eines äußersten Pessimismus klingt und an vielen Stellen wiederholt wird, findet doch immer wieder in der Botschaft Jesu ein Gegengewicht.

In einer früheren Periode seines Schaffens erkannte Girard an, dass sich die Menschen nicht mit einem Schlag aus ihren alten Strukturen lösen könnten. So sehr sich das Christentum von den Mythen seiner Vorgeschichte unterscheide, so enge Bindungen

---

[148] Girard, René, Wenn all das beginnt ..., S. 73.
[149] Girard, René, Battling to the End. Conversations with Benoît Chantre. Studies in violence, mimesis, and culture. Translated by Mary Baker. Michigan State University Press 2010, S. X.
[150] Ebd.
[151] Ebd.

habe es dennoch an sie.[152] Daher gewähre es »Übergangszeiten«[153]. Die menschliche Geschichte wird als Spirale beschrieben, »die sich nach oben öffnet, zu einer anderen Dimension hinein, die nicht mehr kreisförmig ist. Diese Öffnung ist unsere Freiheit, und die Menschen werden davon einen Gebrauch machen, den niemand voraussagen kann«[154]. Von diesen Zusammenhängen handelt das folgende Kapitel.

---

[152] Vgl. Girard, René, Wenn all das beginnt ..., S. 61.
[153] Girard, René, Wenn all das beginnt ..., S. 61.
[154] Girard, René, Wenn all das beginnt ..., S. 103.

6 Mythos und Ritual bei René Girard

»Myths never see that the victim is innocent.«

(René Girard)[155]

Auch in seinem Text *Le Bouc émissaire* stellt Girard die Frage nach dem mythischen Charakter der Evangelien. Obwohl Mythen oftmals von gleichen Dingen handeln, bleibt der zitierte Unterschied, Mythen sind Verfolgungstexte und geben das Geschehen wieder.[156] Der archaische Mythos rechtfertigt das Opfer des *Sündenbocks*, das Evangelium hingegen betont die Unschuld des Opfers Jesu und verurteilt jegliche Gewalt. In einer Diskussion mit dem italienischen Philosophen, Autor und Politiker Gianni Vattimo sagt Girard:

> »Aus soziologischer und anthropologischer Sicht negiert das Christentum [die] mythische Ordnung und Lesart, denn es erzählt dieselbe Szene, jedoch aus der Perspektive des Opfers, das stets schuldlos ist. Das Christentum zerstört insofern jeden Typ von Religion, der Menschen gegen willkürlich gewählte Opfer vereint [...], wie dies alle Naturreligionen aus der biblischen taten.«[157]

---

[155] Insights with René Girard, Uncommon Knowledge, Interview by Peter Robinson, Hoover Institution, 2009.
[156] Vgl. Palaver, Wolfgang, René Girards mimetische Theorie, S. 204.
[157] Girard, René, Vattimo, Gianni, Christentum und Relativismus, S. 27.

6.1 Zum Mythos und zum Ritual

Mythen sind für Girard keine imaginären und erfundenen Geschichten, sondern repräsentieren wirkliche Krisen und Chaos innerhalb von Gesellschaften.[158] Soziale Konflikte schließen ansteckende Gewalt und chaotische Zustände mit ein. In Mythen werden sie durch Gewalttätigkeiten des Kollektivs gegen ein einzelnes Opfer beendet. Indem Mythen Gewalt nur umleiten, das Opfer aber fieberhaft verantwortlich machen und es dämonisieren, stellen sie sich auf die Seite des Gewalt ausübenden Kollektivs. Auch die moderne Gesellschaft ist keineswegs dagegen gefeit, immer wieder in die »Mythenfalle« zu laufen, indem sie sich ihres Konsenses durch Ausgrenzung und Feindbilder versichert.

Im Kontext der mimetischen Theorie sind Mythen Geschichten einer Kultur, die auf dem *Sündenbockmechanismus* basieren. Als Ausweg aus der mimetischen Rivalität wird Gewalt nur umfunktioniert und werden Opferungen gerechtfertigt, um eine temporäre Ordnung herzustellen. Mythen vernachlässigen – im Gegensatz zu den Evangelien – die relative Unschuld des Opfers. Aller Wahrscheinlichkeit nach ist es nicht schuldiger als die anderen Mitglieder der Gesellschaft. Girard bezeichnet die Mythen daher als *Verfolgungstexte*, die die Seite des Opfers in verhängnisvoller Weise ausblenden und letztlich keine Erlösung bieten.

Dem Ritual kommt in der mimetischen Theorie eine entscheidende Rolle zu, stehen die Riten doch für die kontrollierte Wie-

---

[158] Insights with René Girard, Uncommon Knowledge, Interview by Peter Robinson, Hoover Institution, 2009.

derholung des Opfermechanismus: »Funktion des Rituals ist es, die Gewalt zu ›reinigen‹, d. h. sie zu ›täuschen‹ und an den Opfern auszulassen, die mit Sicherheit nicht gerächt werden.«[159] Das Opfer muss permanent wiederholt und ritualisiert werden - um die in jeder Gesellschaft schlummernde Gewalt immer wieder aufs Neue zu unterdrücken und doch freizusetzen. In *Das Heilige und die Gewalt* schreibt Girard, dass Riten »als *mimesis* eines kollektiven Gründungsmordes«[160] zu definieren seien.

Sind Verbote der erste, so sind Rituale der zweite Pfeiler des Religiösen. Doch überwinden religiöse Kulte nicht das mimetische Dilemma, sondern schreiben es in ihrer Wiederholung fort.[161] An die Stelle der schwindenden kulturellen Differenz tritt die reziproke Gewalt. All diese Prozesse sind auf die Aneignungsmimesis zurückzuführen:

> »[Wenn] Ethnologen von Rollenumkehrungen sprechen, begleitet von gegenseitigen Parodien und beleidigenden, zuweilen in ein Handgemenge ausartenden Spöttereien, dann beschreiben sie unwissentlich die mimetische Krise.«[162]

6.2 Romulus und Remus: Zum Gründungsmythos Roms

Zur Illustration erinnert Wolfgang Palaver an die Gründungsgeschichte Roms.[163] Das Interessante an diesem Mythos, der auch

---

[159] Girard, René, Das Heilige und die Gewalt, S. 58.
[160] Ebd., S. 145.
[161] Vgl. Girard, René, Das Ende der Gewalt, S. 45.
[162] Girard, René, Das Ende der Gewalt, S. 46.
[163] Vgl. Romulus und Remus, nach: Herder Lexikon. Griechische und römische Mythologie. Freiburg 1981, S. 194-195. Und: Vgl. Palaver, Wolfgang, Die

bei Girard Erwähnung findet, ist, dass er – im Gegensatz zu den anderen Beispielen – einen Individualmord in Szene setzt. Der Mythologie zufolge gehen die Prinzipien mimetischer Begierde in den Gründungsakt der Stadt und fortan in die römische Kultur ein. Rom entsteht aus der Rivalität zwischen den beiden Zwillingsbrüdern Romulus und Remus. Als Romulus mithilfe eines Adlerflug-Orakels die Ehre zu Teil wird, die neue Stadt zu gründen, wird er von Remus verspottet. Beide Brüder wollen die Stadt beherrschen und nach sich benennen lassen. Romulus tötet Remus, nachdem dieser entgegen seiner Anweisung die Stadtmauern überspringt. Remus Ermordung wird aufgrund seines »bösen Charakters« als gerechtfertigt angesehen - und schafft Ordnung, welche Romulus durch die Gründung von Institutionen (römisches Heer und Senat) sichert. Er gilt fortan als der größte Eroberer, Gründer und erster Herrscher des alten Rom. Nach seinem Tod wird er heiliggesprochen und bekommt den Namen Quirinus, womit ihm göttliche Ehren zu Teil werden.

Dieser Mythos vernachlässigt die Sicht des Opfers Remus, sodass hier von einem *Siegermythos* und nicht von einem *Opfermythos* gesprochen werden kann. Für Girard offenbart sich bei Romulus und Remus die *universale Doppelgängerbeziehung*, die sich auf dem Höhepunkt der Krise zuträgt und diese verschleiert.

> »Einer der beiden Brüder muss sterben, damit die Doppelgänger verschwinden, [...], damit die Differenz wieder auftrete und das Gemeinwesen gegründet werde. Ein einziger Mörder, aber

---

mimetische Theorie René Girards, S. 264. Und: Vgl. Gardner, Jane F., Römische Mythen. Stuttgart 2002, S. 47-71; Palaver, Wolfgang, Die mimetische Theorie, S. 209, 210, 264; Girard, René, Vattimo, Gianni, Christentum und Relativismus, S. 103.

er repräsentiert die gesamte Gemeinschaft, sofern sie der *Doppelgängerbeziehung* entgeht.«[164]

6.3 Der *Ödipuskomplex*

Die antike Stadt Theben leidet unter einer schrecklichen Seuche. Um Rettung zu finden, so verlangen es die Götter in der Tragödie von Sophokles[165], muss der Mörder des früheren Königs gefunden und aus der Stadt vertrieben werden. Ödipus als neuer Herrscher verpflichtet sich zur Suche und Vertreibung des Königsmörders, um in einer dramatischen Verwicklung der Umstände erfahren zu müssen, dass er es selbst war, der – unwissentlich – seinen Vater, den früheren König, umgebracht und mit seiner Mutter (die er nicht kannte, da er als Kleinkind ausgesetzt war) vier Kinder gezeugt, also Inzest betrieben hatte.[166] In Erfüllung des göttlichen Spruchs und zur Rettung der Stadt bleibt für Ödipus keine andere Wahl als sich selbst zu blenden und in die Verbannung zu gehen.

In den Begrifflichkeiten Girards könnte formuliert werden: Ödipus ist der Sündenbock und muss als solcher geopfert werden,

---

[164] Girard, René, Das Ende der Gewalt, S. 65-66. Anmerkung: Im Gespräch mit Guy Lefort wird weiter ausgeführt, dass es auch Mythen gibt, die ohne jeden Mord auskommen (Noah-Mythos). Girard stimmt zu, wendet jedoch ein, dass es sich auch hier um die Struktur »Einer-gegen-Alle« handelt: Ein einziger Überlebender in der einer gesamthaft dem Tod geweihten Gemeinschaft. Das Opfer verkörpert – so Girard – auch die Rückkehr ins Leben, die Gründung einer neuen Gesellschaft, vgl. Ebd., S. 66.
[165] Sophokles, König Ödipus, in: Ders., Tragödien. München 1956.
[166] Insights with René Girard, Uncommon Knowledge, Interview by Peter Robinson, Hoover Institution, 2009.

was er, indem er sich die Augen aussticht und die Stadt verlässt, selbst tut, folgt man Sophokles. Auf diese Weise hilft er, die Stadt von der Seuche zu befreien, sowie Friede und Ordnung wieder herzustellen. Für Girard werden damit die Voraussetzungen geschaffen, ihn auch als Retter zu verklären und ihm einen Heldenstatus zuzuschreiben:

> »Subsequently, Girard reads the myth of Oedipus, who through parricide and incest is the ›slayer of distinctions‹, as a dramatization of the sacrifice of the surrogate victim and a model of the tragic hero. A different, but for the purposes of his study, related reading of the Oedipal mythos is that of the anthropologist, Claude Lévi-Strauss.«[167]

Im Rahmen des Ödipus-Komplexes setzt sich Girard mit der Psychoanalyse Sigmund Freuds auseinander, der er in *Das Heilige und die Gewalt* ein gesamtes Kapitel widmet.[168] Girard beschreibt den Ödipuskomplex bei Freud wie folgt: »Man könnte sagen, daß der Wunsch nach der Mutter [...] zwei Ursprünge hat. Der erste ist die Vateridentifizierung, die Mimetik. Der zweite ist die direkt auf die Mutter gerichtete *Libido*.«[169]

Girard nennt diese Struktur *double bind* – zum einem will er den Vater nachahmen, muss jedoch besser werden als dieser. Sein Vater ist brutal, rücksichtslos und entzieht seinen Söhnen die Frauen, was Ödipus als unbewusstes Motiv für den versehentlichen Vatermord zugeschrieben werden könnte. Zum anderen

---

[167] Nigro, August J., The net of nemesis. Studies in tragic bond/age. Cranbury 2000, S. 18.
[168] Anmerkung: Kapitel: Freud und der Ödipuskomplex, in: Girard, René, Das Heilige und die Gewalt, S. 248-281.
[169] Girard, René, Das Heilige und die Gewalt, S. 251.

begehrt Ödipus aber auch die Mutter – wiederum ohne Wissen, dass sie seine Mutter ist und er begehrt, was er nicht begehren darf.

> »Gerade weil das Kind unfähig ist auf Gewalt mit Gewalt zu antworten, [...], wird das erste, durch den mimetischen *double bind* hervorgerufene Hindernis [...] einen unauslöschlichen Eindruck auf das Kind machen. Der Vater verfolgt die beim Sohn kaum einsetzenden Bewegungen Punkt für Punkt, und er stellt ohne Schwierigkeiten fest, dass dieser sich direkt auf den Thron und auf die Mutter zu bewegt. Der Wunsch nach Vatermord und Inzest kann nicht der Gedankenwelt des Kindes entspringen, sondern ist ganz offensichtlich die Idee des Erwachsenen, des Modells.«[170]

Girard würdigt Freuds Analyse, beschreibt sie als »too precious to be left to the psychoanalysts. The mimetic approach preserves and enhances Freud's most acute insights.«[171] Sowohl Freud als auch Girard gehen bei ihrem Verständnis des Ödipuskomplexes davon aus, dass es sich um eine gewaltsame Handlung des Kollektivs handelt, in deren Folge sich immer die Muster von Kultur und Gesellschaft verändern. Im Falle Thebens ist dies eine (temporäre) Befriedung aufgrund der Entlastungseffekte des Sündenbockmechanismus:

> »The religious communities try to remember that event in their mythologies and they try to reproduce it in their sacrifices. Freud was right when he discovered that this model was a col-

---

[170] Ebd., S. 256. Und: Girard, René, The Girard Reader, S. 232.
[171] Girard, René, The Girard Reader, S. 236.

lective murder, but he was wrong, [...], in his interpretation of that murder.«[172]

Im Gegensatz zu ihm, so meint Girard, sehe Freud das Begehren als ein Resultat der impulsiven, der bewussten Beeinflussung des Objekts der Begierde auf das begehrende Subjekt.[173] Genau dies stellt Girards wesentlichen Kritikpunkt an Freud dar, da »er [Freud] allem Anschein zum Trotz unentwegt einer Philosophie des Bewusstseins verhaftet bleibt«[174] (wenngleich Berührungspunkte zur mimetischen Theorie nicht geleugnet werden, vgl. Vateridentifikation). Girard formuliert seinen Standpunkt und das, was die Psychoanalyse verkenne, wie folgt:

> »Die mimetische Auffassung trennt den Wunsch von jedem Objekt ab; der Ödipuskomplex verwurzelt den Wunsch im mütterlichen Objekt; die mimetische Auffassung räumt jedes Bewußtsein und sogar jeden realen Wunsch nach Vatermord und Inzest aus; die Freudsche Problematik hingegen gründet gerade auf dieser Auffassung. Freud war [...] dazu entschlossen, sich seinen eigenen ›Komplex‹ zu verschaffen.«[175]

---

[172] Ebd., S. 10. Auch: Girard, René, Das Heilige und die Gewalt, S. 261: »[...] Freuds Denken zu wichtig ist, um einfach der Psychoanalyse überlassen zu werden.«

[173] Vgl. Fleming, Chris, René Girard. Violence and Mimesis. Cambridge 2008, S. 34.

[174] Girard, René, Das Heilige und die Gewalt, S. 259.

[175] Ebd., S. 263. Und: Vgl. Fleming, Chris, René Girard. Violence and Mimesis, S. 34f. Anmerkung: »Der Ödipuskomplex, das unveräußerliche Gründungspotential der Psychoanalyse, liegt bereits hinter zweifach verschlossenen Türen im Tresorraum des Unbewußten, im Keller der psychoanalytischen Bank.«, Girard, René, Das Heilige und die Gewalt, S. 265. Girard schließt an anderer Stelle auch mit den Worten: »Whenever he [Freud] encounters the effects inherent in mimetic desire and finds himself struggling

In einigen Formulierungen nährt Girard den Verdacht, die Psychoanalyse Freuds sei nicht abgesichert gegen eine selbst geschaffene Mythenbildung.

> »Das mythische Element in Freuds Lehre ist das Bewußtsein des Wunsches nach Vatermord und Inzest, sicherlich ein blitzartiges Bewußtsein, das zwischen dem Dunkel der ersten Identifizierung und dem Dunkel des Unbewußten liegt.«[176]

Freilich muss angemerkt werden, dass in der gesamten Ödipus-Diskussion nicht selten Projektionen von dem erwachsenen Ödipus auf den jungen Ödipus gemacht werden, obgleich wir über das Kind aus den antiken Texten wenig wissen. Girard deutet diese Problematik selbst an.

---

vainly to formulate its mechanism of rivalry, Freud takes refuge in the idea of ambivalence. To label these effects as ambivalent is to confine them to a solipsistic context, a traditional philosophic subject, instead of identifying them as a fundamental trait of all human relations, the universal double bind if imitated desires. If we try to grasp these effects of mimetic desire as individual pathology or psychology, they become utterly incomprehensible; in consequence, we ascribe them to ›physical‹ causes.«, Girard, René, The Girard Reader, S. 239-240.

[176] Girard, René, Das Heilige und die Gewalt, S. 259.

6.4 Jesus als Sündenbock. Oder auch: Der Fehler im historischen Christentum[177]

> »Now when the centurion saw what was done, he glorified God, saying, Certainly this was a righteous man. And all the people that came together to that sight, beholding the things which were done, smote their breasts, and returned.«[178]

Frazer formuliert in *The Golden Bough* die These, dass das Christentum nichts anderes als einen weiteren Mythos darstelle. Damit spricht er für nicht wenige Ethnologen und Anthropologen. Neben den Unterschieden sieht Girard auch Ähnlichkeiten zwischen Mythos und Christentum.[179] In beiden Fällen steht ein Opfer im Mittelpunkt, das von der Gemeinschaft umgebracht oder verstoßen wird und letztlich göttliche Verehrung erfährt. Er hält Frazer aber entgegen:

> »Das Christentum nun dreht, in Abkehr von den primitiven Religionen [die] Perspektive vollständig um – und zwar, weil es, im Gegensatz zur Auffassung mancher Anthropologen, kein Mythos wie viele andere ist.«[180]

---

[177] Insights with René Girard, Uncommon Knowledge, Interview by Peter Robinson, Hoover Institution, 2009.
[178] St. Luke, Chapter 23, Paragraph 47-48, zitiert nach: The Bible. King James Version, edited by Robert Carroll and Stephen Prickett. Oxford 1998 (2 ed.).
[179] Anmerkung: Auf die Gemeinsamkeiten zwischen Bibel und mythischen Texten bezogen spricht Girard sogar von einer intellektuellen Wahrheit der beiden Testamente, vgl. Girard, René, Vattimo, Gianni, Christentum und Relativismus, S. 106.
[180] Girard, René, Vattimo, Gianni, Christentum und Relativismus, S. 26.

Der Unterschied liege darin, dass das Christentum Jesus Christus für unschuldig hält, während in alten Mythen die Auffassung von der Schuld des Opfers vertreten wird. Das Opfer ist zwar heilig, ein Gott, aber auch Götter können einen schuldhaften Charakter haben, der sich auf der einen Seite in guten Taten niederschlägt, auf der anderen Seite aber auch in schlechten. Das sei bei Jesus definitiv nicht der Fall. Seinen Standpunkt sieht Girard durch die Sprache der Evangelien untermauert: »Einer seiner [Jesus] Beinamen, Lamm Gottes, ist Synonym zu ›Sündenbock‹ [...]«[181] Das falsche Verständnis sei auf eine falsche Lesart der Evangelien zurückzuführen: »Instead of reading myths in the light of the Gospels, people have always read the Gospels in the light of the myths«.[182] In dieser Fehlinterpretation des Todes Jesu als »Gründungsmord«, wie sie von dem historischen Christentum vorgenommen worden sei, liege sicher ein Erklärungselement für die Gewalttaten, die in späteren Jahrhunderten von Christen an »Ungläubigen« oder »Andersgläubigen« ausgeführt wurden. Dabei sei in ihren jeweiligen historischen Bezügen eine eigene, christliche Kultur begründet worden. Es sei noch immer die Aufgabe der Evangelien, sich in langandauernden geschichtlichen Prozessen gleichsam subversiv, Gehör zu verschaffen und als Weg zur Überwindung des mimetischen Gewaltpotentials begriffen zu werden:

> »The role of historical Christianity becomes necessary within an eschatological process that is governed by the Gospels – a history directed towards revealing the universal truth of human violence. But the process requires an almost limitless patience:

---

[181] Girard, René, Vattimo, Gianni, Christentum und Relativismus, S. 95.
[182] Girard, René, Things Hidden, S. 179.

many centuries must elapse before the subversive and shattering truth contained in the Gospels can be understood worldwide.«[183]

6.5 Exkurs: Zum (aktuellen) Verhältnis von Girard und der katholischen Kirche als Institution

> »All of my books have been written from a Christian perspective. My conversion is what put me on the mimetic path and the discovery of the mimetic principle is what converted me. It is unreasonable to say that my first two books are two halves of a whole (because I was relatively discreet about Christian revelation in them) and that all the others should be tossed out. Yet this attitude is quite common.«[184]

Aufgrund Girards kritischer Sicht des historischen Christentums und seiner deutlichen Kritik am sakrifiziellen Christentum, die sich schon in Buchtiteln wie *Ich sah den Satan vom Himmel fallen wie einen Blitz. Eine kritische Apologie des Christentums* niederschlägt, stellen sich Fragen nach dem Verhältnis des Autors zur katholischen Kirche. Wie versteht Girard seine Beziehung zum Vatikan, und umgekehrt, wie wird er vom Kirchenstaat gesehen? Unterliegt Girards Beurteilung der katholischen Kirche als Institution wesentlichen Veränderungen? In großen Teilen seines Werkes scheint er auf Konfrontationskurs zum Vatikan zu gehen. Auch rüttelt er an Thesen, die in den Religionswissenschaften vielfach als unumstößlich oder gängig angesehen werden,

---

[183] Girard, René, Things Hidden, S. 252.
[184] Girard, René, Battling to the End, S. 196.

und scheut nicht den Disput mit wissenschaftlichen Schulen, die sich im Rahmen der offiziellen Kirchenlehre definieren.

Trotz der Zurückhaltung, die sich der Vatikan in der positiven Wertung zeitgenössischer Denker auferlegt, ist festzuhalten, dass gegenüber Girards Gedanken wiederholt Respekt zum Ausdruck gebracht wird. Dies zeigt sich etwa in Predigten des Padre Raniero Cantalamessa[185], Prediger des päpstlichen Hauses. In *Selig, die Frieden stiften* wird unter Bezugnahme auf den weltbekannten Song *Imagine* von John Lennon betont, dass »sich die säkularisierte Welt eine andere Art des Religionsfriedens [wünscht], nämlich einen Frieden, der sich aus dem Verschwinden der Religionen ergibt«[186]. Wäre dies tatsächlich der Fall, so Cantalamessa, würden wir in einer Welt ohne Differenzen und Unterschiede leben, »in der die Menschen dazu bestimmt wären, sich zu zerfleischen und nicht in Frieden leben zu können, weil dort, wo alle dasselbe wollen – so erörterte René Girard –, sich das mimetische Interesse und mit ihm die Rivalität des Krieges entfesseln«[187]. Die Wertschätzung Girards wird in einer zweiten Predigt aus dem Jahre 2010 noch deutlicher, die fast einer ›Verteidigung‹ Girards gleichkommt, der als »bekannter französischer Denker«[188] bezeichnet wird. Ausdrücklich setzt sich der Padre mit Thesen aus *Das Heilige und die Gewalt* ausei-

---

[185] Für mehr Informationen: http://www.cantalamessa.org/
[186] Cantalamessa, Raniero, Selig, die Frieden stiften. Zweite Adventspredigt 2006 vor dem Papst und dessen Mitarbeitern in der Römischen Kurie., in: Zenit, 22.12.2006.
[187] Ebd.
[188] Cantalamessa, Raniero, Wir haben einen erhabenen Hohenpriester. Karfreitagspredigt 2010 in der vatikanischen Basilika, in: Zenit, 02.04.2010.

nander, denen er im Kern kritisch gegenübersteht. Doch betont er, dass Girard sich nach seiner Erkrankung zu Ostern 1959 dem Christentum zugewandt habe (vgl. Punkt 2.). In der Rezeption von Girards Theorie würde dieser tiefgreifende Wandel häufig ignoriert. Girard bleibe eben nicht bei der »Analyse des Mechanismus der Gewalt« stehen, sondern zeige einen Weg auf, »wie man ihm entgehen kann«[189]. Indem er »das Ostergeheimnis Christi« in sein Denken aufnehme, löse er »den Bund zwischen dem Heiligen und der Gewalt«, ja, er konstatiere den »Bruch dieses Bundes«[190]. Jesus durchbreche »den Mechanismus des Sündenbockes, [...], indem er sich selbst als Unschuldiger zum Opfer für alle Gewalt macht«[191]. Mit der Opferung seiner selbst habe er den Menschen einen neuen Weg zu Gott gezeigt und damit die Botschaft der Nächstenliebe unter Menschen verkündet. Durch den Tod von Christus erfahre der Begriff des Opfers eine gänzlich neue Dimension in der »religiösen Geschichte der Menschheit«[192].

Girards Theoriegebäude findet also unmittelbare Anwendung und Anerkennung in den Ausführungen von Vertretern des Vatikans. Laut Cantalamessa habe der »Gelehrte« Girard »das Muster aufgedeckt, durch das der Mechanismus der Gewalt seinen Anfang nimmt: der Mimetismus, [...] die eingeborene Neigung des Menschen, das für ersehnenswert zu halten, was die anderen ersehnen [...]«[193]. Als Beispiel wird die »Gewalt der Jugendli-

---

[189] Ebd.
[190] Ebd.
[191] Ebd.
[192] Ebd.
[193] Ebd.

chen im Stadion, in der Schule und bei gewissen öffentlichen Veranstaltungen«[194] genannt, die am Ende nicht selten von Chaos und Verwüstung geprägt sind; dieser »Spaß«, von dem die heutige Jugend und Generation in solchen Situationen getrieben ist, »ist von demselben Instinkt veranlasst, kleine Kriege zu erfinden, der das primitive Rudel anspornte«[195].

Girard selbst äußert sich Schritt um Schritt positiver zur Kirche als Institution und revidiert Teile seiner ursprünglichen Kritik, um ausdrücklich festzustellen:

> »Ich behaupte nicht, daß die Kirche sich irrt. Die Lektüre, die ich vorschlage, trifft sich mit allen wichtigen Dogmen, aber durch diese Lektüre erhalten sie ihre anthropologische Grundlage, die uns bisher entgangen ist.«[196]

Zur Positionskorrektur von Girard passt, dass er begonnen hat, regelmäßig eine katholische Kirche zu besuchen und an Gottesdiensten teilzunehmen.

Untermauert wird sein neuer Zugang in Gesprächen mit Benoît Chantre, die 2007 als Buch *Achever Clausewitz* in französischer Sprache publiziert wurden (engl. 2009: *Battling to the End*, dt. 2012: *Clausewitz zu Ende denken*). Während Girard die Kreuzigung Christi als Wendepunkt der Geschichte begreift, schreibt er der Kirche eine Rolle zu, die sowohl »essential« als auch »relative«[197], also von zeitloser wie von zeitbedingter Bedeutung, sei:

---

[194] Ebd.
[195] Ebd.
[196] Girard, René, Wenn all das beginnt ..., S. 60. Anmerkung: Empfehlenswert: Im selben Buch, Kapitel V *Christus (Ordnungen und Unordnungen)*, S. 53-67.
[197] Girard, René, Battling to the End, S. 196.

»The Church is the guardian of a fundamental truth, but at the same time it is an institution and, like all institutions, it is immersed in history and subject to error. The church was formed, then divided; it spread out and changed. It affirmed itself most in Catholicism, in particular that of the Council of Trent.«[198]

Girard verortet die Bedeutung der Kirche aber nicht nur in ihrer Geschichte, sondern auch in der Gegenwart. Er versteht die Tatsache, dass auf den polnischen Papst ein deutscher folgte, als Ausdruck davon, dass das Papsttum nun *internationalized* sei: Catholicism has grown out of its childhood, and become the last *Internationale*.«[199] Dabei bleibt die Kirche immer Hüter der geschichtlichen Funktion des Christentums: »Christianity reveals the central role of religion in the genesis of culture. Christianity truly demystifies religion because it points out the error on which archaic religion is based: the effectiveness of divinized scapegoats.«[200]

---

[198] Ebd.
[199] Girard, René, Battling to the End, S. 199.
[200] Girard, René, Battling to the End, S. 198.

7 Zum Schlüsselcharakter der Literatur

> »Jeder romaneske Schluß ist eine Bekehrung. Jeder romaneske Schluß ist ein Anfang. Jeder romaneske Schluß eine wiedergefundene Zeit. Die Inspiration ist stets Erinnerung, und die Erinnerung entspringt dem Schluß.«[201]

René Girard unterscheidet in der Literatur zwischen zwei Arten von Schlüssen (vgl. 3.5.1: *romantisch* und *romansek*). Den romantischen Schluss wertet Girard ab, bezeichnet ihn als »romantische Lüge«, während er in dem *romanesken* den »wahren« Schluss sieht und ihn als »die Frucht einer überwundenen Faszination«[202] darstellt. Für den Autor der *Figuren des Begehrens* ist die Rolle der Literatur in der menschlichen Kultur »just like another Other.«[203] Gemeint ist, dass der Inhalt einer Erzählung, unabhängig davon, ob sie nun fiktional oder historisch ist, die gleichen mimetischen Begierden in uns hervorrufen kann wie zwischenmenschliche Beziehungen oder Interaktionen in der realen Welt. Unser Gehirn, unser Verstand ist in der Lage, Literatur als Modell einzuordnen und zu begreifen, was für den Leser begehrenswert ist und den Wunsch der Nachahmung hervorruft. Ja, vielleicht kann noch schärfer formuliert werden: Für Girard ist Literatur keine Fiktion, sondern Wirklichkeit. Er versteht sie als reales Leben, aus dem er die Elemente und Bausteine seiner Theorie schöpft. Während in den Gesellschafts- und Ge-

---

[201] Girard, René, Figuren des Begehrens, S. 301 und S. 304.
[202] Ebd., S. 307.
[203] A conversation with Professor René Girard, Entitled Opinions by Robert Harrison, Stanford 17. September 2005.

schichtswissenschaften seit den 1980-iger Jahren darüber gestritten wird, welche Elemente ihrer Analysen der Realität durch den Autor und seine spezifische Blickweise ›konstruiert‹ ist, begreift Girard die Fiktion der Literatur als eine Form der Wirklichkeit.

Warum möchte Don Quijote unbedingt ein umherziehender Ritter (*Knight errant*) sein, in einer Welt, in der keine umherziehenden Ritter mehr existieren? Die Antwort: weil er Ritterromane und Geschichten voller Ritterlichkeit und galantem Benehmen liest. Ähnliches könnte für Flauberts Madame Bovary festgestellt werden. Die Literatur zeigt also nicht nur die Mechanismen der mimetischen Begierde auf, sondern schlägt auch Modelle der Imitation für den Leser vor. Girard selbst wird dafür zum lebenden Beweis. Inspiriert durch Cervantes und Dostojewski, wandelt er sich zum bekennenden Katholiken. Wie er in seinem Aufsatz *Conversion in Literature and Christianity* rückblickend schreibt, findet er erst durch die Lektüre der Romane zu den Evangelien:

> »[...] The subject of literature and Christianity is literally the story of my whole intellectual and spiritual existence. Many years ago, I started with literature and myth and then moved to the study of the Bible and Christian Scripture. Great literature led me to Christianity. [...] One of the greatest examples of literature leading to Christianity is Dante.«[204]

Auch Shakespeare und die griechischen Tragödien fungieren als Kronzeugen. So bezeichnet Girard den englischen Dramatiker

---

[204] Girard, René, Mimesis and theory. Essays on literature and criticism 1953-2005. Edited by Robert Doran. Stanford 2008, S. 263.

als den »master investigator of mimetic desire«[205], dem er ein ganzes Werk widmet: *Shakespeare. Les feux de l'envie.* (Girard 1990, engl. 1991: *A Theatre of Envy: William Shakespeare.*, dt. 2009: *Shakespeare. Theater des Neides*). Doch fließen in seine Theorie nicht nur *Hamlet* und *Der Sommernachtstraum* oder Komödien wie *Viel Lärm um nichts* ein, sondern auch Dramen von Sophokles (*Ödipus*) und Euripides sowie Werke der modernen Literatur.

»The reading of Greek tragedy played an essential role in my discovery of the victimary mechanism, parallel to the modern novel in relation to my discovery of mimetic conflict.«[206]

Marcel Prousts großer Romanzyklus, geschrieben von 1913-1927, *A la recherche du temps perdu* (engl. *Remembrance of Things Past*, dt. *Auf der Suche nach der verlorenen Zeit*[207]) erweist sich für Girards wissenschaftliche Phantasie als eine wahre Fundgrube.[208]

Die Literatur ist in allen Teilen des Werkes präsent. Sie ist konstitutiv für das Denken und den theoretischen Ansatz des Kulturwissenschaftlers.

---

[205] A conversation with Professor René Girard, Entitled Opinions by Robert Harrison, Stanford 17. September 2005.
[206] Girard, René, Evolution and Conversion, S. 136.
[207] Proust, Marcel, Auf der Suche nach der verlorenen Zeit. Ausgabe in 10 Bänden. Frankfurt/Main 1979.
[208] Girard, René, Mimesis and theory, S. 56-70.

8 RENÉ GIRARD IN DER GEGENWÄRTIGEN WELT

> »History, you might say, is a test for mankind. But we know very well that mankind is failing that test. In some ways, the Gospels and scriptures are predicting that failure since it ends with eschatological themes, which are literally the end of the world.«[209]

8.1 Zum Universalitätsanspruch der mimetischen Theorie

Die mimetische Theorie beansprucht für sich eine zeit- und epochenübergreifende Universalität. Die Arten des Begehrens sind nicht festgelegt. Ihr Spektrum reicht von den Mythen vorchristlicher Zeit über die großen Figuren der Weltliteratur bis in die Markt- und Wettbewerbsstrukturen der modernen Welt. Girard erscheint die Börse gar als »the most mimetic of all«[210]. Man begehrt oder kauft bestimmte Aktien nicht, weil sie objektiv begehrenswert oder gewinnversprechend sind, sondern – so das Argument – ausschließlich, weil andere Menschen diese Aktien auch begehren oder erwerben wollen. Mit der wachsenden Nachfrage steigt der Wert des knapper werdenden Angebots. Girard bezeichnet diesen auf mimetischer Begierde fußenden Vorgang als teilweise monarchisch.

> »It's always imitative behavior. [...] You have signs that make some people negative about the market that would not neces-

---

[209] Girard, René, zitiert nach: Haven, Cynthia, History is a test. Mankind is failing it. René Girard scrutinizes the human condition from creation to apocalypse, in: Stanford Magazine July/August 2009.
[210] A conversation with Professor René Girard, Entitled Opinions by Robert Harrison, Stanford 17. September 2005.

sarily make other people negative. [...] Every time you add one, the move towards the unity of the mob becomes faster, it has more power and attraction. [...] So the modern world is constantly threatened by mob aspects.«[211]

Er sieht die Universalität seiner mimetischen Theorie bestätigt: »And what is very interesting is that the analysts of the market have not yet discovered that«[212]. So gesteht der Kulturphilosoph Aktienanalysten zwar zu, dass hinter dem Aktienhandel auch objektive Informationen stecken, um gleich wieder einzuschränken: »[...] The stock market is always threatened with a mimetic wave of such importance and such lack of objectivity that there will be inevitably be a collapse, which is also lacking in objectivity.«[213]

Weit über den Ausflug in ökonomische Sachverhalte hinaus versteht Girard seine Theorie nicht als psychologische, sondern als eine der gesellschaftlichen Wechselbeziehungen. Ihre Strukturen deutet er als soziale Tatbestände und nicht als Ausdruck psychischer Muster.[214] Girard schließt ein autonomes Begehren aus, d. h. ein Begehren, das ausschließlich in der eigenen Person wurzelt. Doch muss das Modell, an dem sich das Subjekt ausrichtet, wiederum sein Begehren ableiten. Im Ergebnis wird entweder eine weitere, dritte Person erforderlich, oder aber es

---

[211] Girard, René, zitiert nach: Haven, Cynthia, History is a test. Mankind is failing it. René Girard scrutinizes the human condition from creation to apocalypse, in: Stanford Magazine July/August 2009.
[212] A conversation with Professor René Girard, Entitled Opinions by Robert Harrison, Stanford 17. September 2005.
[213] Ebd.
[214] Vgl. Ebd.

kommt zu einer reziproken Beziehung zwischen Nachgeahmtem und Nachahmenden (*doppelte Nachahmung*[215]). Girard versteht eine derart gegenseitige Nachahmung als *interdividuelle Psychologie* (*psychologie interdividuelle*)[216]. Wie Palaver erläutert, verwirft der Kulturphilosoph das »romantische Ideal eigenständiger Individuen«[217]. In radikalisierter Fassung des Menschen als sozialen Wesens oder *zoon politikon* (Aristoteles) kann – diesem Gedanken zufolge – ein Mensch immer nur durch andere zum Menschen werden.

»If we try to grasp [...] effects of mimetic desire as individual pathology or psychology, they become utterly incomprehensible; in consequence, we ascribe them to ›physical‹ causes.«[218]

8.2 Einfluss, Zustimmung und Kritik

> »*In 2004, Jean-Pierre Dupuy, a professor of French at Stanford, is attending a conference in Berlin when he is confronted by a man in a café who asks, ›Why did you become a Girardian?‹ Dupuy replies in a beat: ›Because it's cheaper than psychoanalysis.‹*«[219]

Girards mimetische Theorie ist, wie schon angesprochen, kein Modell, das sich nur auf *eine* bestimmte wissenschaftliche Diszi-

---

[215] Girard, René, Figuren des Begehrens, S. 180.
[216] Girard, René, Things hidden, S. 368. Und: Vgl. Palaver, Wolfgang, Die mimetische Theorie René Girards, S. 178.
[217] Palaver, Wolfgang, Die mimetische Theorie René Girards, S. 178.
[218] Girard, René, The Girard Reader, S. 239-240.
[219] Haven, Cynthia, René Girard. Stanford's provocative immortel is a one-man institution, in: Stanford Report, June 11, 2008.

plin gründet, sondern vielmehr ein Gedankengebäude, das die Felder der Literatur, Religionswissenschaft, Psychologie, Soziologie, Anthropologie, Politik und Kultur in sich vereint bzw. den Anspruch hegt, auf deren Prozesse anwendbar zu sein. Die mimetische Theorie ist daher in ihrem Selbstverständnis als eine Theorie der Kultur im weitesten Sinne zu charakterisieren. Folgt man dem Urteil der Anhänger und Schüler Girards[220], hat sie längst einen festen Platz in den Kulturdebatten der Gegenwart, wie ein Zitat Gil Bailies belegt:

> »I have found the interpretive range of Girard's theory to be astonishing. Whether I have tried to understand a piece of literature, an ancient myth, a historical event, or the morning newspaper, I have found Girard's insights invaluable. [...] In my view, Girard has made the most sweeping and significant intellectual breakthrough of the modern age.«[221]

Der mimetische Ansatz und die *Sündenbock*-Konzeption finden nicht nur unter internationalen Forschern und Wissenschaftlern aus den verschiedensten Disziplinen, wie z. B. Charles Segal oder Frederick Griffiths, Verwendung.[222] Ebenso scheint er Schriftstellern und Intellektuellen als Inspiration zu dienen, wie

---

[220] Anmerkung: Wie Jean-Pierre Dupuy erläutert, gibt es nicht wenige Wissenschaftler, die sich bei Girard Anregungen holen, es jedoch für besser halten, die Quelle und Inspiration ihrer Anregungen für sich zu behalten – sei auch aus so banalen Gründen wie der Angst, sich bei engen Kollegen in ein zweifelhaftes Licht zu rücken. Vgl. Dupuy, Jean-Pierre, Christus und das Chaos. In: Girard, René, Wenn all das beginnt ..., S. 189.
[221] Bailie, Gil, Violence Unveiled. Humanity at the Crossroads. New York 1995, S. 4.
[222] Vgl. Golsan, Richard J., René Girard and Myth, S. 125.

Botho Strauß, Christa Wolf, Roland Barthes, Jacques Derrida, Lucien Goldmann oder Jacques Lacan.

Während René Girard in Deutschland bis vor Kurzem eher unbekannt war und auch gegenwärtig nicht allzu viel Beachtung findet, genießt er in seinem Heimatland Frankreich (wo er selbst vom ehemaligen Staatspräsidenten Nicolas Sarkozy zitiert wurde), vor allem aber in den USA hohes Ansehen. Dort lehrte er an der Standford University, bevor er als Andrew B. Hammond Professor of French Language, Literature and Civilization in den Ruhestand ging. Im deutschsprachigen Raum zählt Raymund Schwager (Universität Innsbruck) zu den beharrlichsten Verfechtern der mimetischen Theorie – sei es in Schriften oder in Forschungsprojekten[223]. Auch Wolfgang Palaver wirbt mit einer Vielzahl von Beiträgen und Büchern[224] für die Etablierung der Theorie in der wissenschaftlichen Welt. René Girard gilt selbst unter Kritikern als einer der provokativen Intellektuellen des 20. Jahrhunderts. So schreibt Robert J Daly, Professor für Theologie am Boston College: »The Girardian Theory is one of the great intellectual achievements of the twentieth century – a comprehensive vision of the psychological, sociological, political and religious processes of sin and redemption.«[225]

---

[223] Dazu: Schwager, Raymund, Brauchen wir einen Sündenbock? Gewalt und Erlösung in biblischen Schriften. München 1978. Außerdem Forschungsprojekt: »Religion-Gewalt-Kommunikation-Weltordnung«.
[224] Anmerkung: Hier ist vor allem das in dieser Arbeit verwendete Werk »René Girards mimetische Theorie. Im Kontext kulturtheoretischer und gesellschaftspolitischer Fragen.« zu nennen.
[225] Robert J Daly, zitiert nach: Klappentext, in: Girard, René, The Girard Reader.

Girards prominenter Kollege, Michel Serres (Stanford), gleichfalls einer der »Immortels« der Académie Française, bezeichnete ihn gar als »›Charles Darwin‹ of human sciences«.[226] Und Robert Harrison, Professor für italienische und französische Literatur in Stanford, feiert ihn als »one of the titans of 20th century thought [and believes] that the 21st century will vindicate the cogency of his theories in a clamorous way«[227]. Schließlich sei Chris Fleming erwähnt, Dozent der School of Humanities, University of Western Sydney, der mit *René Girard. Violence and Mimesis*[228] aus der Reihe *Key Contemporary Thinkers* wohl eines der repräsentativsten Bücher zu Girards Gedankengängen vorgelegt hat. 2009 erschien ein Sammelband mit Aufsätzen namhafter Wissenschaftler unter dem bezeichnenden Titel *For René Girard. Essays in Friendship and in Truth. Studies in Violence, Mimesis, and Culture*[229].

Doch gibt es auch »Girardians«, die an der Bedeutung und der Relevanz der mimetischen Theorie zwar im Prinzip festhalten, ihr jedoch nicht in allen Aspekten zustimmen. Dazu gehört der amerikanische Romanist und Girard-Schüler Eric Gans (University of California, Los Angeles), der einerseits der Konzeption des *triangulären Begehrens* folgt, andererseits aber den Sündenbockmechanismus als Grundlage jeglicher Kultur nicht akzep-

---

[226] Vgl. Klappentext, in: Girard, René, Evolution and Conversion. Dialogues on the Origins of Culture. London 2008.
[227] A conversation with Professor René Girard, Entitled Opinions by Robert Harrison, Stanford 17. September 2005.
[228] Fleming, Chris, René Girard. Violence and Mimesis. Cambridge 2008.
[229] Goodhart, Sandor et al., For René Girard. Essays in Friendship and in Truth. Studies in Violence, Mimesis, and Culture. East Lansing 2009.

tiert. Der Anspruch auf Universalität steht ebenfalls in der Kritik. Die Phänomene der Moderne seien nicht hinreichend im Blick.[230] Paisley Livingston (Professor für Philosophie, Lingnan University) kritisiert Girards Zugang zur Literatur, er sei »over confident about the explanatory status of his critical metalanguage« und »the category of the ›author‹ within Girards criticism, for his insistence that his interpretations reveal the author's own understanding of mimesis is viewed as the most flagrant sign of theoretical naiveté.«[231]

René Pommier, ein renommierter französischer Literaturkritiker, sticht unter den Kontrahenten besonders hervor.[232] Er unterstellt Girard Überheblichkeit, da dieser fest davon überzeugt sei, dass niemand vor ihm den wirklichen Sinn der von ihm behandelten Werke verstanden habe. Pommier stützt seine Kritik auf die Analyse der ersten beiden Werke Girards. Die Meinung des Literaturkritikers spiegelt sich auch in dem polemischen, fast schon verhöhnenden, Buchtitel *Un allumé qui se prend pour un phare* (Ein Entzündeter/Brennender, der sich für einen Leuchtturm hält) seiner Analyse wieder. Girard würde nur die Dinge berücksichtigen, die seine Thesen untermauern, und

---

[230] Vgl. Golsan, Richard J., René Girard and Myth. An Introduction. New York 2002, S. 107-128. Anmerkung: Dieses Kapitel mit dem Titel *Girards Critics and The Girardians* gibt einen guten Einblick in den Themenaspekt. Und: Das »COV&R« (Colloquium On Violence & Religion) ist eine 1990 gegründete internationale Plattform, die sich der »exploration, criticism and development of René Girards Mimetic Theory« verschrieben hat. Weitere Angaben im Literaturverzeichnis.
[231] Golsan, Richard J., René Girard and Myth, S. 111.
[232] Pommier, René, Un allumé qui se prend pour un phare. Paris 2010.

jene auslassen, die ihr widersprechen. Er wirft Girard einen »affirmativen Stil« vor, der ihm erlaube, seinen Thesen eine Bestimmtheit zu verleihen – die den Universalitätsanspruch der mimetischen Theorie stützt. Pommier stellt fest – entgegen der Behauptung Girards, dass das trianguläre Begehren überall sei –, dass die Literatur nur selten Beispiele liefere. Nicht eine »romantische Illusion« inspiriere, sondern die Lebenswirklichkeit. Um die wahre Natur des Begehrens zu ergründen, würde man logischerweise mit der genauen Betrachtung dessen beginnen, was man am besten kenne – den eigenen Erfahrungen. Pommier spricht auch die Frage an, wieso sich Menschen verlieben. Seine Antwort: weil sie jemanden treffen, der ihnen gefällt, der einem Bild entspricht, das sie in sich tragen, einem Schönheitsideal. Der Wunsch nach Liebe sei meistens plötzlich, man brauche kein Modell und keinen Mittler. Seiner Ansicht nach ist Girards Werk grundsätzlich konfus sowie essentiell falsch und werde keine bleibende Wirkung haben, sondern, ähnlich wie der Strukturalismus, bald vergessen sein.[233] Kritik begegnet Girard auch explizit aus der Religionswissenschaft, wo vor allem seine Interpretation der Passion Jesu auf Widerspruch stößt. Burton Mack (Claremont School of Theology, California) wirft Girard vor, Ergebnisse und Analysen jahrhundertelanger Forschung diverser wissenschaftlicher Disziplinen zu ignorieren. Ähnlich wie Pommier kritisiert Mack die Wahl der analysierten Texte: »Girard's choice of biblical texts is also highly idiosyncratic and is governed exclusively by the desire to find those texts that suit the theory«.[234]

---

[233] Ebd.
[234] Burton, Mack, zitiert nach; Golsan, Richard J., René Girard and Myth, S. 121.

Girard selbst scheint sich der Kontroversen, der Kritik und der Diskussionen bewusst zu sein, die er auslöst: »People think this theory of mine is so outlandish, but I don't think it is at all. It's all over the place, if you just look«[235]. Fast scheint es, als lasse die Kritik ihn kalt. Manchmal äußert er gar Verständnis für sie oder heißt sie willkommen, um ihr im nächsten Moment den Wind aus den Segeln zu nehmen: »Theories are expendable [...]. They should be criticized. When people tell me my work is too systematic, I say, ›I make it as systematic as possible for you to be able to prove it wrong.‹«[236] Und eine Erklärung für die zwiespältige Wahrnehmung seiner Theorie hat der Kulturanthropologe auch: »People are against my theory, because it is at the same time an avant-garde and a Christian theory. [...] The avant-garde people are anti-Christian, and many of the Christians are anti-avant-garde. Even the Christians have been very distrustful of me.«[237]

Festzuhalten bleibt, dass Girards Theorie gleichermaßen umstritten und anerkannt, ja kontrovers ist und provoziert.[238]

---

[235] Girard, René, zitiert nach: Haven, Cynthia, History is a test. Mankind is failing it. René Girard scrutinizes the human condition from creation to apocalypse, in: Stanford Magazine July/August 2009.
[236] Ebd.
[237] Ebd.
[238] Anmerkung: In dem bereits erwähnten Interview mit Rebecca Adams reagiert Girard auf diverse Kritikpunkte. Als größtes Missverständnis bezeichnet er die Ansicht seiner Kritiker, dass er die Opfer in den Mythen für real halte. Girard widerspricht diesem Kritikpunkt und betont, dass seine Analysen auf rein textlicher Grundlage basieren: »What I maintain is that the reality of the victims behind the text can be ascertained from inside the

8.3 Die Aktualität der mimetischen Theorie René Girards

>»Why do all girls have been baring their navels for the last 5 years? Obviously, they didn't all think for themselves, that it would be nice to show one's navel, or maybe one is too hot in the navel and one must do something about this. We see the mimetic nature of desire the day that fashion collapses. Suddenly, it'll become very old-fashioned to show one's navel, and no one will show it anymore. And it will be because of other people, just as now it is because of other people that they show it.«[239]

In diesem Abschnitt sollen Beispiele dafür gebracht werden, inwieweit und in welchen Bereichen der Kultur und des kulturellen Lebens die mimetische Theorie René Girards als Interpretationsansatz genutzt werden kann. Wo liefert sie neue Perspektiven auf kulturelle Phänomene? Wo dient sie als Perspektiv-Öffnung? Macht sie, und wenn ja, wo, kulturelle, gesellschaftliche, mediale Phänomene in unserer heutigen Welt nachvollziehbarer? Ziel ist es, eine Idee davon zu geben, was Gil Bailie meinen könnte, wenn er von einem erstaunlichen Interpretationsspektrum und Raum für (moderne) Denkansätze spricht, die Girards Theorie bietet - sei es in Bezug auf Literatur und Mythen, sei es beim Lesen der Morgenzeitung oder bei kulturellen Phänomenen der Gegenwart.[240] Der Fokus wird auf aktuellen

---

text«., vgl. Girard, René, Adams, Rebecca, Violence, Difference, Sacrifice, S. 16-17.
[239] A conversation with Professor René Girard, Entitled Opinions by Robert Harrison, 17. September 2005.
[240] Vgl. Bailie, Gil, Violence Unveiled, S. 4.

Phänomenen liegen und Ereignissen, die in der jüngeren Vergangenheit zu finden sind.[241]

8.3.1 Werbung und kulturelle Phänomene durch Nachahmung

> »Jede Begierde ist der Wunsch, zu sein.«[242]

Ist unsere *Commercial Culture* nicht grenzenlos von der Mimesis durchtränkt? Liefern nicht Werbung und Medien permanent Belege für mimetische Begierde und Nachahmung?

Eines der vielleicht populärsten Beispiele findet sich in den Jahren 1985 bis 1991 um den legendären Basketballspieler Michael »Air« Jordan.[243]

---

[241] Anmerkung: Restzweifel und kritische Haltungen bezüglich einzelner Ansichten Girards bleiben immer, auch bei dem Verfasser dieser Arbeit. Dennoch soll aufgezeigt werden, wo seine mimetische Theorie bei Menschen für einen »Aha-Effekt« sorgen könnte bzw. gesorgt hat oder imstande war, Reaktionen wie »So verkehrt ist die Theorie nicht - auch wenn ich mit ihr nicht in allen Punkten übereinstimme, so kann ich dieses oder jenes Phänomen durch sie nun besser nachvollziehen« hervorzurufen.

[242] Girard, René, Wenn all das beginnt ..., S. 28.

[243] Vgl. Brining, Andrew, Commercial Culture. Michael Jordan's Other Legacy. Bleacher Report, June 10, 2009. Vgl. Rovell, Darren, Be Like Mike. An excerpt from the new book »First In Thirst. How Gatorade Turned The Science of Sweat into a Cultural Phenomenon.«
(http://authorviews.com/authors/rovell/rovell-obd.htm) [16.07.2012].
Vgl http://likemikeclothing.blogspot.de/2008/05/be-like-mike-history.html [16.07.2012].

»Sometimes I dream that he is me, you've got to see that's how I dream to be [...] like Mike, if I could be like Mike. I wanna be, I wanna be like Mike.«²⁴⁴

Abbildung 3: Michael »Air« Jordan

Der Slogan *Be Like Mike* entstammt der legendären *Gatorade*-Werbekampagne vom August 1991, die die ohnehin schon immense Popularität Michael Jordans noch einmal in neue Sphären vorstoßen ließ, wovon alle seine Produkte – darunter die Air-Jordan-Sportschuhe – profitierten. Millionen von Menschen wollten so sein wie er – Michael Jordan wurde im Laufe seiner Karriere zu einer Marke, die eine Kultur, eine Nation, ja ganze Generationen prägte – nicht nur Basketballfans –, was ohne den Effekt der *Mimesis* nicht möglich gewesen wäre. Der Slogan al-

---

[244] »*Sometimes I dream / That he is me / You've got to see that's how I dream to be / I dream I move, I dream I groove / Like Mike / If I could Be Like Mike / Like Mike / Oh, if I could Be Like Mike / Be Like Mike, Be Like Mike / Again I try/ Just need to fly / For just one day if I could / Be that way / I dream I move /
I dream I groove / Like Mike / If I could Be Like Mike / I wanna be, I wanna be / Like Mike / Oh, if I could Be Like Mike.*« (Gatorade Commercial, zitiert nach: Rovell, Darren, Be Like Mike, http://authorviews.com/authors/rovell/rovell-obd.htm) [16.07.2012].

lein suggeriert: So *sein* wie er – so erfolgreich, so beliebt, so lässig, so cool. Sei es auch nur durch das Erwerben seiner Schuhe oder die Nachahmung seiner Kleidung – allein dadurch würden wir ein Stück von ihm erwerben, ihm ein Stück näher sein. *Be* als Synonym für *leben* – jede Begierde ist der Wunsch zu sein.

Das Bild (Abb. 3) spricht für sich: Die Masse, die ihn begehrt, die so sein will wie er. Menschen, die gegenseitig an sich zerren, um sich in eine bessere Position zu bringen, ihm näherzukommen. Bewunderung, Rivalität, Neid, Nachahmung – alles findet sich hier wieder. Auch deutet sich Girards Sichtweise an: Es ist nicht so sehr das Objekt, das wir begehren, sondern im Grunde das Wesen des Mittlers. Das Objekt scheint nur »Stein des Anstoßes« zu sein, verklärt mit der Zeit und wird *verkannt*. Wenngleich kein *Sündenbock*, wird Michael Jordan doch zur Legende, »*like a god to us*«[245].

Wie mimetische Begierde kulturelle Phänomene schaffen und zu schwindelerregenden Erfolgen führen kann, zeigt ein anderes Beispiel aus dem Jahre 1975 aus den USA: Die *Pet Rock Mania*[246].

Der amerikanische Geschäftsmann Gary Dahl hatte, inspiriert durch eine Unterhaltung mit Freunden über die Arbeit, die Haustiere machen, und das Geld, welches sie kosten, folgende Idee: *Pet Rocks* wären doch das ideale Haustier, da a) billig in der Anschaffung, b) leicht zu pflegen und c) kostenlos in der Haltung. Er schrieb ein *Pet Rock Training Manual*, wie das *Pet Rock* zu

---

[245] Ebd.
[246] Vgl. ›Pet Rock‹, Stern, Jane and Michael, Jane & Michael Stern's Encyclopedia of POP Culture,. An A to Z Guide of Who's Who and What's What, from Aerobics and Bubble Gum to Valleys of the Doll. New York 1992.

pflegen und zu halten sei – sogar, wie man ihm bestimmte Dinge beibringen könnte (*Sitz!, Platz!, Komm!, Bleib!, Attacke!*). Er packte einen normalen Stein, zusammen mit der Anleitung, in eine einfache Pappbox und ließ das *Pet Rock* über ein lokales Geschäft zum Stückpreis von $3,95 verkaufen. Beworben wurden die *Pet Rocks*, als ob sie lebendige, echte Tiere wären. Innerhalb kürzester Zeit waren die *Pet Rocks* vergriffen, die Nachfrage explodierte und verbreitete sich wie ein Lauffeuer über das Land.

Abbildung 4: *Pet Rocks* (Quelle: eigener Entwurf)

Binnen weniger Monaten wurden Millionen von *Pet Rocks* verkauft und machten Gary Dahl zum Millionär. Weihnachten 1975 lag der Verkauf bei mehr als 2,5 Tonnen Steinen (ca. 5 Millionen

Exemplare) und über ¾ der Zeitungen hatten über die *Pet Rock Mania* berichtet. Noch heute sind die *Pet Rocks* im Internet auf Ebay zu finden.[247] Die *Pet Rock Mania* kann als klassisches Beispiel für das *trianguläre Begehren* dienen: Millionen von Menschen werden durch Nachahmung in den Rausch versetzt, gewöhnliche Steine zu kaufen, wahlweise mit aufgeklebten Augen, nur weil andere es auch tun – und Steine als Tiere nicht gefüttert werden müssen.

Als drittes Beispiel für die Aktualität Girards sei das Buch *Les ressorts cachés du désir. Trois issues à la crise des marques*[248] (Die versteckten Triebkräfte des Begehrens. Drei Auswege aus der Krise von Markenartikeln) erwähnt. Die französische Unternehmensberaterin und Werbestrategin Marie-Claude Sichard wendet Girards Theorie auf den Marketingbereich an und bezeichnet seine Analysen als »si précieuses«[249] – sehr wertvoll. Sie erklärt, weshalb bekannte Marken sich heutzutage mit großen Problemen und Absatzeinbrüchen konfrontiert sehen, wie der Weg aus dieser Krise aussehen könnte und wie die Nachahmung, die mimetische Begierde, (unbewusst) die Kaufentscheidungen der Menschen mitbestimmt. Menschen kaufen Produkte nicht we-

---

[247] Anmerkung: Der Hype und die Faszination kamen auch noch in weiteren *Pet Rock*-Sammelobjekten und Artikeln zum Ausdruck: So gab es zum Beispiel ein Video mit dem Titel »*The Pet Rock Video – A Real Rock Video By A Real Rock Star*«, eine 45 RPM-Vinyl-Schallplatte mit dem Song »*I'm In Love With My Pet Rock*« oder diverse *Pet Rock*-Zertifikate – z. B. für »*Obedience Training*«. (http://petarock.homestead.com/1970craze.html)
[248] Sicard, Marie-Claude, Les ressorts caches du désir. Trois issues à la crise des marques. Paris 2005.
[249] Ebd., S. 73.

gen der Qualität oder des Preises, sondern weil ihnen ein Anderer aufgefallen sei, der das Objekt der Begierde besitze.

> »Der immer höhere Preis, den der Käufer zu zahlen bereit ist, mißt sich an einem dem Rivalen zugeschriebenen Begehren. Es handelt sich also [...] um die Nachahmung dieses eingebildeten Begehrens, [...], hängt doch im Fall des kopierten Begehrens alles, auch dessen Intensität, von dem zum Vorbild genommenen Begehren ab.«[250]

Sicard hebt in ihrer Analyse hervor, dass die mimetische Begierde keineswegs nur bei den Konsumenten zu beobachten sei, sondern ebenso bei den produzierenden Firmen.

Ralph Lauren wünschte Cary Grant zu sein.[251] Er imitierte ihn also. Und er hatte an dem Tag Erfolg, an dem er, nach seiner eigenen Aussage, mehr Cary Grant geworden war als Cary Grant selbst. Als Bonus kamen noch Erfolg und Glück hinzu. Tommy Hilfiger wünschte wiederum, Ralph Lauren zu sein, und um sein Ziel zu erreichen, imitierte er ihn. In dem Maße jedoch, in dem er sich ihm annäherte, stieß ihn sein Modell ab und wurde zum Hindernis. Also »rebellierte« Hilfiger gegen Lauren und folgte anderen Modellen – Nike und Benetton. Je stärker das Vorbild sein Prestige verliert, desto leichter zu imitieren und weniger heroisch wird es. Das Verlangen ist sozusagen ein Motor, weil es einen inneren Mangel gibt, eine Leere, die man zu füllen hofft, indem man sich von anderen das leiht, was einem selbst fehlt. Dies nennt Girard *metaphysisches Begehren*: Man begehrt das Wesen des Mittlers, um sich selber zu komplettieren. Nur ist die-

---

[250] Girard, René, Figuren des Begehrens, S. 15.
[251] Sicard, Claire-Claude, Les ressorts cachés du désir, S. 103f.

ses Ziel nicht zu erreichen, es wird immer Menschen geben, die erfolgreicher sind als man selbst. Es wird immer etwas geben, von dem wir denken, dass andere es haben, und so wünschen wir es auch zu besitzen.

8.3.2 Mimetische Rivalität. 9/11: Der 11. September 2001

> »Terrorism is a form of war, and war is politics by other means. In that sense, terrorism is political. But terrorism is the only possible form of war in the face of technology.«[252]

Es sind nicht nur Alltagsphänomene, die den Gebrauchswert von Girards Theorie demonstrieren. Auch Ereignisse der Weltpolitik – wie 9/11 – werden von ihm angesprochen. In einem Interview mit der französischen Zeitung *Le Monde* im November 2001 sagt er: »What is occurring today is a mimetic rivalry on a planetary scale.«[253] Später fügt er hinzu (2008[254]), hätte er *Das Heilige und die Gewalt* nach den Terroranschlägen vom 11. September geschrieben, wären sie in das Werk mit eingeflossen:

> »I think that if I had written *Violence and the Sacred* after 9/11, I would have most probably included 9/11 in this book. This is the event that makes possible an understanding of the modern event, for it renders the archaic more intelligible. 9/11 represents a strange return of the archaic within the secularism of our time. Not too long ago people would have had a Christian

---

[252] Doran, Robert, Girard, René, Apocalyptic Thinking after 9/11, S. 21-22.
[253] Interview mit Henry Tincq, *Le Monde*, 6. November 2001.
[254] Doran, Robert, Girard, René, Apocalyptic Thinking after 9/11. An Interview with René Girard. in: SubStance, Issue 115, (Volume 37, Number 1) 2008, pp. 20-32 (Article).

reaction to 9/11. Now they have an archaic reaction, which does not bode well for the future.«[255]

Girard äußert die Befürchtung, dass die Terrorakte nur ein Vorzeichen für weitere Exzesse im Zusammenstoß von Kulturen sein könnten – so sei es ein Fehler gewesen, Al-Qaeda den Krieg zu erklären. Zu seinem offensichtlichen Bedauern hat sich der Westen für einen »archaischen« Weg als Antwort entschieden. Der christliche hätte in der Suche eines Dialogs gelegen.

> »Terrorismus ist das Entfesseln einer langen unterdrückten Grausamkeit, unterdrückt nicht durch Christlichkeit, sondern durch die schlimmere Grausamkeit nominell christlicher Mächte. Der Terrorismus ist nur möglich, wenn die potenziellen Täter Gelegenheit haben, sich zu opfern, um andere zu töten.«[256]

Für Girard ist der 11. September 2001 »a seminal event, [...], it represents, a new dimension, a new world dimension«[257]. Eine neue Phase, eine neue Art des Krieges: Kriege könnten nicht weiter einer bestimmten Ära zugeordnet werden, wie es bei World War I und World War II der Fall sei. »The era of wars is over: now, war is everywhere. We have entered the era of transition to universal passage à l'acte. There is no more intelligent policy. We're near the end.«[258]

---

[255] Doran, Robert, Girard, René. Apocalyptic Thinking after 9/11. An Interview with René Girard. SubStance, Issue 115 (Volume 37, Number 1), 2008, pp. 20-32 (Article), pp. 25.
[256] Girard, René, Gewalt und Religion, S. 79.
[257] Doran, Robert, Girard, René, Apocalyptic Thinking after 9/11, S. 20-21.
[258] Lévy, Élisabeth, [Interview with René Girard:] »War is everywhere«. Written by Pierre Murcia (08. März 2010). Siehe auch: Lévy, Élisabeth, [Interview avec René Girard:] »La guerre est partout«. In: Le Point, 18.10.2007.

Cynthia Haven fasst Girards These im Stanford Magazine wie folgt zusammen:

> »We have reached a point in history where we can no longer blame scapegoats. The mechanism of scapegoating is too well known, so the ritual murder no longer expiates the society. War no longer works to resolve conflict – indeed, wars no longer have clear beginnings, endings or aims. Moreover, as weapons have escalated, war could destroy us all.«[259]

In der Summe klingen die Äußerungen Girards zu 9/11 alarmierend. Der Terroranschlag und die amerikanische Reaktion darauf hätten alle Grenzen bisheriger Konflikte gesprengt und Kriege zu - im wahrsten Sinne des Wortes – »unfassbaren«, nicht mehr lokalisierbaren Ereignissen gemacht. Einerseits katapultieren sie »eine mimetische Rivalität in planetarische Maßstäbe«, andererseits folgt die »archaische« Antwort der USA der Logik einer Gewaltspirale, indem sie auf Gewalt statt auf Dialog setzen (und mit allen in ihrer Macht stehenden Mitteln auf »Gerechtigkeit« – manche mögen es Vergeltung nennen). Girard entwirft daher eine recht pessimistische Zukunftsperspektive. Seinen eigenen Worten nach signalisiert der 11. September die Rückkehr des »Archaischen« in die säkularisierte Welt unserer Tage.

Wie lässt sich diese Aussage in den Gesamtrahmen seiner Theorie einfügen oder aus ihr erklären? Hat er mit der *mimetischen Rivalität* auf globaler Ebene den Konflikt der Kulturen, der islamischen und der christlichen im Auge? Verallgemeinerungen

---

[259] Haven, Cynthia, History is a test. Mankind is failing it. René Girard scrutinizes the human condition from creation to apocalypse, in: Stanford Magazine July/August 2009.

solcher Art müssen mit größter Vorsicht betrachtet werden und haben in den Äußerungen Girards keine (ausreichende) Basis, zumal er dem Westen vorhält, gerade nicht christlich reagiert zu haben. Ausdrücklich definiert der Kulturwissenschaftler *competition* als »Wunsch, den anderen zu imitieren, mit dem Ziel eben das zu erreichen, was dieser – ohne diese – besitzt«[260]. Folglich liegt die tiefere Ursache des Terrorismus nicht in der *Differenz* der Kulturen, sondern genau »im Gegenteil, in dem übersteigerten Verlangen nach Konvergenz und Ähnlichkeit«. In dem Argumentationsmuster von Girard wird Bin Laden gerade nicht als Islamist verortet, sondern als ein Kämpfer, der »under the label of Islam« mit dem Anschlag auf die Twin Towers westliche Werte kopiert oder der »mimetic contagion«[261], der mimetischen Ansteckung, verfallen ist. In der »effectiveness« und »sophistication«[262] von 9/11 entdeckt Girard den Kern dessen, was Amerika ausmacht. Fast könnte daraus der Schluss folgen, dass der Terror gegen den Westen zum Instrument der Verwestlichung wird.

In einem weiteren Gedankenschritt drängt sich der Versuch auf, das Agieren beider Konfliktparteien in die mimetische Sündenbocktheorie zu integrieren. Die Terroristen attackierten mit dem World Trade Center *das* (zentrale) Symbol des westlichen Kapitalismus in der Absicht, ihren eigenen Fundamentalismus (wenngleich mit amerikanischen Mitteln) durch die Schaffung und gleichzeitige Zerstörung eines Sündenbocks zu untermauern. Die US-Führung unter George W. Bush kreierte mit der Er-

---

[260] Vgl. Interview mit Henry Tincq, *Le Monde*, 6. November 2001.
[261] Ebd.
[262] Ebd.

klärung von Al-Qaeda und Bin Laden zu den Weltfeinden Nr. 1 ihrerseits Sündenböcke, um die eigene Nation zusammenzuschweißen, mit der Intention, die eigene Politik der Gewalt gegen den, wie es hieß, »internationalen Terrorismus« und den Krieg gegen den Irak zu begründen. War es in früheren Zeiten der sowjetische Marxismus, der als Feindbild diente und die westliche Welt zementierte, wird diese Funktion nun Bin Laden zugeschrieben. Allerdings verfügt er über kein Gegenkonzept, ist dafür aber in seiner Unfassbarkeit noch gefährlicher:

> »Bin Laden is more troubling than Marxism, in which we recognize a concept of material well-being, prosperity, and an ideal of success not so far removed from what is lived out in the West.«[263]

So wiederholen sich auf einer höheren Stufe in verhängnisvoller Weise Eskalation und die Nachahmung von Gewalt. Von ihnen wird die Weltpolitik bis in die Gegenwart geprägt. Gewalt wird sakralisiert, um neue Gewalt zu provozieren. Dabei dient der Sündenbockmechanismus – nicht wie in der bisherigen Geschichte – als Kanalisierung und Entladung oder Auflösung der Konflikte, sondern als Katalysator. Kriege haben in den Augen Girards keine klar definierbaren Anfänge, Begrenzungen und Ziele mehr. Die Spirale der Gewalt »verschwimmt« oder dreht sich in sich selbst, weil sie permanent und ohne Halt eskaliert. Die entfesselte moderne Waffentechnologie tut das ihre. Menschen und Kulturen laufen Gefahr, sich ihrem eigenen Untergang näher zu bringen – der Sündenbockmechanismus unterliegt einem Funktionswandel.

---

[263] Ebd.

Für den Westen insbesondere diagnostiziert Girard den Verlust an Lernfähigkeit im Festhalten an einer Ideologie des grenzenlosen Wettbewerbs, der seinerseits die gesellschaftlichen Gegensätze verschärft:

> »In the Western countries, the divergence in incomes continues to grow greatly and we are heading for explosive reactions. [...] What we await after the attacks is of course a renewed ideology, a more rational one of liberalism and progress.«[264]

Die Ideologie freilich ist bei Girard negativ konnotiert.

Gewiss liegen in dieser Interpretation spekulative Momente, doch erlauben die zitierten Passagen Girards zu 9/11 einen solchen Versuch. Über ihren analytischen Gehalt hinaus enthalten sie das Plädoyer für eine Politik des Brückenbauens und des Friedens. Waffen bestärken nur die Muster der Zerstörung, ohne Auswege anzubieten.

Girard zeigt sich entsetzt darüber, dass die USA die eigentlichen Gründe des Terrorismus nicht verstehen und daher den Fehler begangen haben, Al-Qaeda den Krieg zu erklären. Wie schon zitiert, ist der Krieg nun überall, wir befinden uns in einer »era of transition to universal passage á l'acte«; die Politik verliert an strategischer Orientierung (»there's no more intelligent policy«).

Die ausführliche Diskussion der Thesen Carl von Clausewitz' zur »Natur des Krieges«[265] gibt Girard Gelegenheit, seine Interpretation des 11. Septembers in einen großen historischen und, wie

---

[264] Ebd.
[265] Clausewitz, Carl von, Vom Kriege. Als Handbuch bearbeitet und mit einem Essay »Zum Verständnis des Werkes« herausgegeben von Wolfgang Pickert und Wilhelm Ritter von Schramm. Hamburg 2011, S. 13.

der Autor betont, anthropologischen Kontext zu stellen. Einerseits finden sich, so wird der preußische Offizier resümiert, alle Elemente des Krieges schon in einem »Duell« (Clausewitz), dessen Ziel es sei, dem anderen den eigenen Willen aufzuzwingen oder ihn zu vernichten. Andererseits tendieren Kriege der Theorie nach dazu, bis zum »Äußersten« zu gehen. In unheilvoller Wechselwirkung (»reciprocal action«) eskaliert die Gewalt zwischen den Konfliktparteien wie in einer Spirale ohne Ende – oder bis zur Vernichtung des Gegners. Girard entdeckt in den strategischen Überlegungen von Clausewitz (1780-1831) sein eigenes mimetisches Prinzip. Er zollt dem Preußen hohen Respekt, wenngleich er kritisch vermerkt, dass dieser in militärischen Optionen stecken geblieben sei und nicht die anthropologische Dimension des Duells oder Konflikts überhaupt erkannt habe. Dabei räumen beide ein, dass reale Kriege durch die geschichtlichen Umstände, in denen sie stattfinden, immer wieder in Kompromissen, Friedensschlüssen oder gegenseitigen Vergleichen enden, ohne ihrer eigentlichen, inneren Disposition zum »Äußersten« zu folgen. In der Geschichte des 20. Jahrhunderts jedoch habe sich die Tendenz zur Totalisierung des Krieges durchgesetzt. Die Schlachtfelder von Verdun, die Vernichtungsplanungen und Vernichtungsrealitäten des nationalsozialistischen Deutschland sowie der hemmungslose, jeder Rationalität entbehrende Rüstungswettlauf zwischen Ost- und West im Kalten Krieg werden als Beispiele genannt. Es scheint, als bestimme die mimetische, in der Nachahmung alle Hemmungen sprengende, alles entfesselnde Gewalt das Geschehen der Welt.

Mit dem 11. September 2001 ist, wie Girard unablässig wiederholt, ein weiterer Wendepunkt erreicht.

»Terrorism has raised the level of violence up a notch again. This phenomenon is mimetic and opposes two crusades, two forms of fundamentalism. George W. Bush's ›just war‹ has revived that of Muhammad, which is more powerful because it is essentially religious. However, Islamism is only one symptom of a trend to violence that is much more global.«[266]

In dem islamistisch begründeten Terrorismus agieren ebenso wie in dem von den USA angeführten Feldzug gegen die »Mächte des Bösen«[267] (»the forces of evil«) zwei Fundamentalismen, die den Krieg theologisieren (»theologization of war«[268]). Gleichzeitig legen sie Zeugnis ab von der »growing futility of violence, which is now unable to fabricate the slightest myth to justify and hide itself«[269]. Dabei scheut sich Girard nicht einzugestehen, dass für ihn in der Analyse des islamistischen Terrors Fragen offenbleiben. Einerseits versteht er ihn als die »Avantgarde«[270] eines Aufbäumens gegen den Westen, dessen Arroganz und Überlegenheit »unzweifelhaft«[271] zu den auslösenden Faktoren zähle. Andererseits sucht er nach Wurzeln in der Religion des Islam selbst. George W. Bush hingegen wird für ihn zur »Karikatur« eines Politikers, der unfähig sei, die »apokalypti-

---

[266] Girard, René, Battling to the End, S. 211. Anmerkung: Als Cover für *Battling to the End* wurde – zur Illustration und Symbolisierung der inhaltlichen Thematik – eine Aufnahme der Memorial Lights für den 11. September 2001 in NYC verwendet.
[267] Ebd.
[268] Ebd.
[269] Girard, René, Battling to the End, S. 20.
[270] Girard, René, Battling to the End, S. 211.
[271] Girard, René, Battling to the End, S. 210.

schen«²⁷² Folgen des eigenen Tuns abzuschätzen. In dem sich abzeichnenden Konflikt erweise sich die *Mimesis* als »the true primary engine«²⁷³. Die Brillanz v. Clausewitz' liege darin, »unwissentlich ein Gesetz antizipiert zu haben, das nun weltweit«²⁷⁴ gelte: »The cold war is over, and now we are in a very hot war [...].«²⁷⁵

Was Clausewitz in militärstrategischer Sprache zum Ausdruck bringt, fasst und erweitert Girard in einer menschheitsgeschichtlichen Theorie. Der Analytiker aus der Epoche Napoleons wird zum frühen Zeugen dafür, dass Gewalt der menschlichen Kontrolle entgleiten kann, ja er wird zum Kronzeugen der mimetischen Theorie, die nach den Worten ihres Begründers »in gewisser Weise versucht, den Extremfall zu beschreiben«²⁷⁶ (»to describe the worst«). Clausewitz trage weit mehr zum Verständnis der modernen Geschichte bei als Hegel. Auch wenn Girard den »icy-cold theoretical Romanticism«²⁷⁷ des Preußen und sein Denken in individuellen Kategorien kritisiert, versteht er sich stärker in der Clausewitzschen Tradition als in der Nachfolge Hegels, dessen »Aufhebung«²⁷⁸ (»reconciliation«) von Gegensätzen seinem mimetischen Ansatz fremd bleibt. Wenn Kriege die Fortführung der Politik mit anderen Mitteln sind, so die Deutung des berühmten Zitats von Clausewitz, verliere die Politik an Ge-

---

[272] Girard, René, Battling to the End, S. 20.
[273] Girard, René, Battling to the End, S. 213.
[274] Girard, René, Battling to the End, S. 216.
[275] Ebd.
[276] Girard, René, Battling to the End, S. 74.
[277] Girard, René, Battling to the End, S. 34.
[278] Girard, René, Battling to the End, S. 43.

staltungskraft. Und dies umso mehr, wenn Kriege sich totalisieren. Mit dem 11. September und weiteren Konfliktszenarien, die Girard entwirft, gewinnt die Apokalypse konkrete Konturen. Ihnen soll *Battling to the End* Ausdruck verleihen: »Therefore my book is a very end-of-the-world sort of thing.«[279]

8.3.3 Girards Theorie als Anstoß zur Interpretation von Kultur: Christopher Nolans »The Dark Knight«

Girard ist nicht nur auf der Ebene abstrakter Theorien und globaler Großereignisse zu diskutieren – Bezüge tun sich auch in der Welt des Films sowie in der Kultur- und in der Entertainmentindustrie auf. So wurde die Theorie Girards kürzlich mit dem Kinoblockbuster *The Dark Knight* (2008), einem der erfolgreichsten Kinofilme aller Zeiten, in Verbindung gebracht.[280] Wie groß die Tragweite und der Einfluss von Girards Gedanken auf moderne, kulturprägende Phänomene gesehen werden, zeigt sich im Resümee eines Rezensenten: »*The Dark Knight* stands as a powerful representation of these important themes, and asks us to confront within ourselves questions about violence, scapegoating, and sacrifice«.[281]

Ähnlichkeiten sind in der Tat nicht ganz von der Hand zu weisen – das verdeutlicht eine intensive Studie des Films. Batman (The Dark Knight) hat - im Sinne Girards - mit den zentralen Proble-

---

[279] Girard, René, zitiert nach: Haven, Cynthia, René Girard. Stanford's provocative immortel is a one-man institution, in: Stanford Report, June 11, 2008.
[280] Vgl. Lipps, Jonathan, The Dark Knight and René Girard. ReCreation, July 28, 2008.
[281] Ebd.

men menschlicher Gesellschaften (repräsentiert durch die Stadt Gotham City) zu kämpfen: Rivalität, Chaos und Gewalt. Auch der Untertitel des Films – *Welcome To A World Without Rules* – unterstreicht das gesellschaftliche Dilemma. Batman versucht die Missstände zunächst mit gewaltlosen Mitteln zu bekämpfen, merkt jedoch schnell, dass dies nur zu mehr Spannung und Rivalität innerhalb der Gesellschaft führt. Der Höhepunkt der Krise, des Chaos, wird durch den Joker, seinen ärgsten Gegenspieler im Bemühen um Ordnung und Frieden, repräsentiert (der Joker bezeichnet sich selbst als »Agent of Chaos«). Ohne zu detailliert auf den Film einzugehen: Der Opfermechanismus scheint der einzige Weg zu sein, Frieden und Ordnung wiederherzustellen. An mehreren Stellen im Film wird jedoch deutlich, dass dieser Frieden nur temporär und gewalttätigen Ursprungs ist – häufig auf Kosten eines einzelnen Opfers. Die Rivalität zwischen Batman und dem Joker schaukelt sich mehr und mehr hoch, die anfänglich so offensichtlichen Differenzen zwischen den beiden Kontrahenten nehmen immer stärker ab, die Gewalt nimmt zu: *Gewalt produziert Gegengewalt*. Es hat den Anschein, dass beide nur noch von dem Wunsch getrieben werden, den anderen zu besiegen. Alles um sie herum scheint in den Hintergrund zu rücken. Der Joker zwingt seinen Widersacher immer wieder in Situationen, die ausweglos erscheinen.

> »[...] Batman has to make decisions about whether to play the game offered by the Joker (and indeed, it seems the only option), or whether to reject the Joker's starting assumptions. These questions are put not just to him, but to all the people of Gotham, especially in the ferry trial. [...] The options: order at the cost of other people's lives, or pure chaos (everybody dies). But Batman (and the people on the boats) decide to believe in

a third option – the path of nonviolence and the willingness to be sacrificed.«[282]

Die zwiespältige Natur der mimetischen Rivalität wird auch deutlich, als der Joker zu Batman sagt: »You complete me«. Die Aussage ist ein Indiz für die permanent abnehmende Differenz zwischen den Rivalen. In den Mittelpunkt des Interesses ist das *Wesen* des Mittlers gerückt.

Obwohl sich in dem Film naturgemäß nicht das Gesamtwerk Girards widerspiegeln kann, dokumentiert er doch beispielartig den Einfluss und die Präsenz des Philosophen auf das Bewusstsein der Gegenwart.

---

[282] Ebd.

9 Zusammenfassung, Kritik, Ausblick

Nach Girard ist die mimetische Begierde grundsätzlich gut. Um es noch einmal in seinen Worten auszudrücken:

> »[...] I would say that mimetic desire, even when bad, is intrinsically good, in the sense that far from being merely imitative in a small sense, it's the opening out of oneself. [...] Extreme openness. It is everything. It can be murderous, it is rivalrous; but it is also the basis of heroism, and devotion to others, and everything.«[283]

Lernen ist die Fähigkeit, sich Dinge und Erfahrungen anzueignen. Wir erwerben sie durch die unbewusste Nachahmung von Fertigkeiten, die wir zum Leben benötigen, wie die Entwicklung von Sprache, Kommunikation und menschliche Beziehungen bis hin zu Details des Alltags.

Mimetische Verhaltensweisen beinhalten nach Girard nicht von vornherein Gewalt und Rivalität. Es ist erst die Aneignungsmimesis, die sie hervorruft. In ihren Mustern sehen sich die menschlichen Gesellschaften mit der Gefahr ständiger Konflikte konfrontiert. Als begehrendes und nachahmendes Wesen richtet sich der Mensch unablässig nach den Begehren seiner Mitmenschen. Dies gilt sowohl für positive als auch für negative Eigenschaften, sodass sich durch Nachahmung Hass und Neid ebenso entwickeln können wie Bewunderung und Zuneigung.

---

[283] Adams, Rebecca, zitiert nach: Girard, René, The Girard Reader. S. 64. Und: Girard, René, Adams, Rebecca, Violence, Difference, Sacrifice. A conversation with René Girard, In: Religion and Literature. Vol. 25, No. 2 (Summer, 1993), pp. 9-33, p. 24.

Dennoch liegt in der ungebändigten Nachahmung das Potenzial zu permanenter, sich immer wieder neu bildender oder sich steigernder Rivalität. Girard sieht in ihr den gleichsam letzten Ursprungsgrund von Gewalt, die er als soziales Phänomen in der Interaktion von Menschen verankert sieht. Von den existierenden Erklärungsansätzen und Konflikttheorien zeigt er sich keineswegs überzeugt. Einerseits stellt sich Girard der These entgegen, der Mensch sei gut und Gewalttätigkeit erst durch Unterdrückung hervorgerufen. Andererseits verwirft er die psychologisch-biologische Annahme, dass dem Menschen ein Todestrieb angeboren sei oder Aggressivität innewohne. Rivalität und Gewalt beginnen im Kleinen und können sich zu Katastrophen oder Chaos ausweiten. Mit Vehemenz wendet sich Girard gegen die Ansicht, dass Kriege und Freund-Feind-Verhältnisse in der Natur des Menschen liegen. Alle Formen von Gewalt entstehen erst in menschlichen Wechselbeziehungen. Hier erweist sich die mimetische Rivalität als höchst ansteckend. Ablehnung provoziert Ablehnung, Gewalt Gegengewalt. Die Spirale gegenseitiger Steigerung scheint kein Ende zu haben. An diesem Punkt verortet Girard den *Sündenbockmechanismus*. Die, wie erörtert, scheinbar unaufhaltsame strukturelle Gewalt aller gegen alle wird umgeleitet in die Gewalt aller gegen einen. Das Opfer wird getötet oder vertrieben, wodurch sich ein neues, soziales und kulturelles Gleichgewicht begründet. Da das Opfer – der Sündenbock – sowohl für die Gewalt und das daraus resultierende Unheil als auch für den wiederhergestellten Frieden verantwortlich gemacht wird, erfährt es mit der Verdammung gleichzeitig eine Heroisierung und Heiligsprechung. Die Mechanismen, die hinter den Opferungen verborgen sind, vollziehen sich unbewusst. Allerdings ist die Stabilität, die darüber hergestellt wird, nur temporär. Das Problem der mimetischen Rivalität kehrt immer wieder zurück. Jeder könnte zum Opfer stigmatisiert werden, sodass die Vertreibung der Gewalt durch Gewalt immer neue Gewalt produziert.

Welche Rolle spielt die Kultur im Zusammenhang mit mimetischer Begierde? Nach Girard nimmt Kultur eine Doppelrolle ein, deren beiden Seiten sich auf den ersten Blick zu widersprechen scheinen. Der Autor nennt die Doppelfunktion der Kultur *double bind*[284] (»Act like your model / do not act like your model«[285]).

»The individual who ›adjusts‹ has managed to relegate the two contradictory injunctions of the double bind – to imitate and not to imitate – to two different domains of application.«[286]

Einerseits basiert Kultur auf mimetischer Begierde, beeinflusst und diktiert unsere Wünsche, unser Denken, ja prägt dieses. Sie zeigt uns auf, was wir begehren sollen oder zu begehren haben.

Andererseits weist uns Kultur an, die Begehren anderer nicht nachzuahmen. Ihr wohnt das Wissen inne, dass mimetisches Begehren zu Konflikt und Rivalität führt. Die Kultur zeigt den Menschen innerhalb einer Gemeinschaft, was begehrenswert ist, schafft aber im gleichen Moment Regeln und Verbote, d. h. Kontrollinstanzen, um die Gemeinschaft gegen jene nachahmenden Begehren zu schützen, die leicht außer Kontrolle gera-

---

[284] Anmerkung: Vgl. auch 6.3: Der Begriff des »*double bind*« taucht ebenfalls in der Auseinandersetzung Girards mit Freud und dem Ödipuskomplex auf.
[285] Girard, René, The Girard Reader, S. 236. Und: Girard, René, »To double business bound.« Essays on Literature, Mimesis, and Anthropology. Baltimore 1978.
[286] Girard, René, The Girard Reader, S. 235.

ten und durch ihre Eigendynamik gefährliche, die Gemeinschaft bedrohende Konflikte herbeiführen können. Festzuhalten bleibt, dass die zweite Rolle der Kultur in der Eindämmung von Gewalt besteht, während die erste die Wünsche und Begierden hervorruft.

> »Wer Gewalt unterbinden will, kann ohne Gewalt nicht auskommen. Aber gerade deshalb ist Gewalt endlos. Jeder will in bezug auf Gewalt das letzte Wort haben, und so geht man von Vergeltungsschlag zu Vergeltungsschlag, ohne daß je ein wahrer Schlußpunkt gesetzt werden könnte.«[287]

Derartige Mechanismen oder Reflexe sind – so der Autor – allen Kulturen eigen.

Wird eine der beiden Funktionen der Kultur infrage gestellt oder von innen heraus angegriffen, ist eine Krise die Folge. Girard spricht vom *loss of distinction*[288] – dem Verlust der Unterschiede – oder auch von der *Krise des Opferkultes* bzw. dem *Verlust des Opfers*.[289] Ordnung, Frieden und Produktivität einer Kultur gründen sich eben auf dieser Differenz.[290]

Doch räumt Girard ein, dass jener *loss of distinction* ein höchst komplexes Konzept darstelle, das schwierig zu greifen sei. Nach ihm tendierten wir Menschen dazu, dem Motto zu folgen, »je

---

[287] Girard, René, Heilige und die Gewalt, S. 43-44.
[288] Vgl. Girard, René, Girard Reader, S. 115.
[289] Girard, René, Das Heilige und die Gewalt, S. 62ff. Im Deutschen auch als *sakrifizielle Krise* übersetzt.
[290] Anmerkung: »Nicht die Unterschiede, sondern deren Verlust bewirken die wahnwitzige Rivalität, den Kampf bis aufs Messer, den sich Angehörige der gleichen Familie, der gleichen Gesellschaft liefern.«, Girard, René, Das Heilige und die Gewalt, S. 7.

mehr Ähnlichkeiten wir miteinander haben, desto besser kommen wir miteinander aus«.[291] Jede Kultur jedoch halte *Rollen* bereit, in die man sich einzufügen habe. Würde man mit ihnen brechen, seien Krise und Chaos vorprogrammiert: »When the differences and boundaries are violated [...] chaos breaks out within a society [...].«[292] Sollten sich allerdings die Hierarchien und Institutionen innerhalb einer Kultur zu repressiv gestalten, gelte es sie zu korrigieren. Alles entscheidend sei eine Balance der Differenzen.

Die mimetische Theorie ist eine synthetisierende Theorie der Sozialwissenschaften. Sie vereinigt sehr unterschiedliche Disziplinen und Bereiche wie Kulturanthropologie, Soziologie, Geschichte, Mythologie, Religionswissenschaft, Literatur und Psychologie, indem sie einen Einblick in die Funktionsweise von Gesellschaften und ihr Konfliktverhalten anstrebt. Girards Modelle drehen sich um die Frage, wie sich Gesellschaften gegen ihre eigene, von ihnen permanent selbst erzeugte Gewalt schützen. In ihrem Kern konfrontieren sie uns mit innovativen Annahmen über die Ursprünge von Gewalt und die Chancen ihrer Disziplinierung in menschlichen Gesellschaften und Religionen. Damit gewinnen sie auch Einfluss auf theologische Fragestellungen.

Über seine wissenschaftliche Analyse hinaus wählt René Girard für sich persönlich das Christentum und die Botschaft Jesu als Weg aus den diagnostizierten Widersprüchen. Die Interpretation der Romane, die seine Grundthese der Mimesis stützen, hat ihm

---

[291] Vgl. Girard, René, Das Heilige und die Gewalt, S. 78.
[292] Nigro, August J., The net of nemesis. Studies in tragic bond/age. Cranbury 2000, S. 18.

dabei geholfen. Allen Formen der Entfremdung und Rivalität, die er schonungslos offenlegt, stellt er im Namen seines Glaubens den Appell zur Versöhnung und Feindesliebe gegenüber. Hier sei eine persönliche Anmerkung erlaubt: Obgleich mir Girards Wendung ins Religiöse fremd bleibt, habe ich sie im Laufe meiner Beschäftigung mit ihm zu achten gelernt. Girard antwortet selbst auf manche Skepsis:

> »R.A.: For those who would not a priori accept a religious framework, nor a concept of the ›imitation of Christ‹ as you employ it, it might be understood also as the desire for love, for creativity, for community.
>
> R.G.: Cultural imitation is a positive form of mimetic desire.«[293]

Von den einen verehrt, von den anderen abgelehnt, zählt René Girard mit Sicherheit zu den eigenwilligen und originellen Theoretikern unserer Zeit.

9.1 Schlussbemerkung

Noch mehr als der Glaube steht im Zentrum von Girards Werk sein Plädoyer, Geschichte und Kultur aus der Sicht der Opfer zu deuten und zu verstehen.

Seine Theorie weckt Interesse und provoziert Fragen. Gewiss richten Menschen ihr Begehren an dem Begehren anderer aus,

---

[293] Adams, Rebecca, zitiert nach: Girard, René, The Girard Reader, S. 64. Und: Girard, René, Adams, Rebecca, Violence, Difference, Sacrifice. A conversation with René Girard, In: Religion and Literature. Vol. 25, No. 2 (Summer 1993), pp. 9-33, p. 25.

lernen Menschen und ahmen nach – kurz, es gibt eine mimetische Struktur und Veranlagung.

Aber ist dies ausnahmslos und immer der Fall? Wäre es nicht angemessener, im Sinne Girards ins Detail zu gehen und zwischen bestimmten Situationen zu differenzieren?

Letztendlich suggeriert die Theorie des französischamerikanischen Wissenschaftlers – wie anhand der Werbung angedeutet –, dass unsere Identität durch andere Personen, durch Vorbilder[294] geprägt wird. Auch wenn dem so ist – gibt es nicht einen Punkt, an dem *wir beginnen, wir selbst zu sein?*

Als Schlüsselproblem erscheint die Frage der Autonomie und des freien Willens jedes einzelnen Individuums. Sie kategorisch auszuschließen, könnte allzu leicht einer Verengung der Perspektive gleichkommen.

Ist die These wirklich zwingend, dass Menschen ihr Begehren niemals an dem Objekt selbst ausrichten und dass ihnen ausschließlich über ein Modell bzw. Mittler offenbart wird, was begehrenswert ist und was nicht? Sicherlich, in vielen Situationen mag dies zutreffen – gerade in der Werbung von heute setzt die Industrie bewusst auf suggestive Slogans, zugkräftige Modelle sowie den Effekt und das Zusammenspiel von Nachahmung, Begehren und Rivalität. Dennoch mag es anders gelagerte Situationen geben: Ist Liebe nur Nachahmung? Bedarf sie in jedem Fall eines Mittlers? Auch wenn an dieser Stelle keine Diskussion der psychologischen Tiefenstruktur von Liebe erfolgen kann,

---

[294] Anmerkung: Zum Thema »Vorbilder« soeben erschienen: Macho, Thomas, Vorbilder. Paderborn 2011.

spricht viel für die These, dass Liebe ein unmittelbares und direktes Verhältnis zwischen zwei Menschen definiert, dessen Zustandekommen und Existenz nicht notwendig an einen Dritten gebunden sind. Es gibt, wie die Redewendung besagt, »Liebe auf den ersten Blick«, es gibt Liebe, die sich durch Vertrauen aufbaut. Weitere Personen – Mittler – können da helfen, müssen aber nicht. Ähnliches gilt für Freundschaften oder ihr Gegenteil: Feindschaften, und auch für andere zwischenmenschliche Beziehungen. Bezüge zu Objekten müssen nicht zwingend und in jedem Fall »vermittelt« sein. Ein Musikstück kann mich »unvermittelt« hinreißen und in seinen Bann ziehen, ohne Vorbilder, die mich darauf hingeführt haben. Landschaften, ein Blick aufs Meer mögen mich in ihrer Schönheit überwältigen, ohne dass ich sagen könnte, wer in mir einen Sinn dafür geweckt hat. Meisterwerke der Kunst können als Ur- oder Aha-Erlebnis gleichsam aus dem Stand, ohne jegliche Vorbereitung durch Dritte das Stilempfinden oder den Geschmack eines Menschen prägen. Um nicht missverstanden zu werden: Es geht nur um die Auslotung zwischen *muss* und *kann*, nicht um die grundsätzliche Negation der Bedeutung, die das Denkmuster der Nachahmung für die menschliche Gesellschaft hat.

Was hier an Beispielen der hohen Kultur oder der Unterhaltung hinterfragt wurde, gilt auch für die Dinge des Alltags. Ein junger Mensch stößt auf ein Kleidungsstück, eine Jacke, die ihm nicht mehr aus dem Kopf geht und zum Objekt seiner Begierde wird.[295] Dass das Modelabel von einem Sänger der weltberühmten britischen Rockband Oasis gründet wurde, mit der Absicht,

---

[295] Anmerkung: Dieses Beispiel beruht auf einer wahren Begebenheit.

einen eigenen, innovativen Stil abseits des Mainstreams zu kreieren, spielt dabei keine Rolle, auch nicht, dass die Musikgruppe für Generationen bis heute ein neues Lebensgefühl begründete. Dem jungen Menschen geht es nicht um komplexe Bedeutungszusammenhänge. Er will einfach nur die Jacke haben, obgleich um jeden Preis. Zu vermuten, dass dabei der Hintergrund des Labels ausschlaggebend ist und nicht das Objekt selbst, liefe auf eine Theorie der unbewussten Einflussnahme hinaus, die nicht oder nur schwer zu beweisen ist. Gewiss lebt jeder Mensch in Milieus und Trends der Zeit, und sicher ist niemand immun gegen Werbung, *Role Models*, Moden und untergründige Manipulation. Doch wird dadurch die Möglichkeit nicht aufgehoben, dass ein Mensch allein auf das Objekt fixiert ist oder umgekehrt, dass es nur das Objekt ist, das ihn anspricht. Auf den Punkt gebracht: Auch wenn Elemente der mimetischen Theorie in der Erklärung helfen, sind es doch mehrere Faktoren, darunter das Wesen des Subjekts und die spezifische Situation, die Entscheidungen beeinflussen.

Zweifellos würde Girard auch auf eine solche Argumentationskette Antworten parat haben. Es ist nicht auszuschließen, dass Einwirkungen durch Dritte oder Mittler stattfinden, die man nicht merkt. Imitationen – Nachahmungen – vollziehen sich oftmals unbewusst. Doch liegt in der Möglichkeit (die nicht zu negieren ist) noch kein Beweis für die Allgemeingültigkeit der Theorie.

Wiederholt formuliert Girard die These, dass die Sünde mit dem Glauben beginne, man könne etwas »für sich selbst« initiieren oder aufbauen – »we never start anything; we always respond«[296]. Doch öffnet er selbst eine neue Dimension des *Nachdenkens* und vielleicht Nachahmens, wenn er schreibt, dass ein »Verständnis der Gefahren von Imitation« die Chance »einer authentischen Identifikation mit dem Anderen«[297] enthalte. Könnte sich in dem *Authentischen* nicht doch ein Kern des eigenen ich verbergen?

In der Summe aber bleibt, dass die Auseinandersetzung mit René Girard kulturwissenschaftliche Fragestellungen erweitert und bereichert. Sein konzeptioneller Ansatz enthält Denkfiguren, die eingefahrene Vorstellungswelten verlassen und neue Impulse geben, so umstritten sie sein mögen. Aber genau das ist es, was eine produktive Theorie ausmacht. Eine in sich geschlossene Theorie ohne offene Fragen ist kaum denkbar – oder sie müsste erst recht hinterfragt werden. Anders formuliert: »True perfection has to be imperfect.«[298]

9.2 Fragen an René Girard

Doch stellen sich in Auseinandersetzung mit dem Denkgebäude des französisch-amerikanischen Kulturanthropologen noch weitere Fragen, die Klärung bedürfen.

Girard betont wiederholt, dass das mimetische Begehren nicht in der Natur des Menschen, sondern in den zwischenmenschli-

---

[296] Girard, René, Battling to the End, S. 22
[297] Girard, René, Battling to the End, S. X.
[298] »Little By Little«, written by Noel Gallagher (Oasis Music/Creation Songs Ltd./Sony/ATV Music Publishing). Taken from Oasis' 2002 release »Heathen Chemistry«.

chen Beziehungen angelegt sei, also nicht als psychische, sondern als soziale Kategorie verstanden werden müsse. Ist aber ein Begehren nicht notwendigerweise auch Teil der inneren psychischen Struktur? Lassen sich inner- und zwischenmenschliche Ebenen überhaupt so eindeutig voneinander trennen? Andere Wissenschaftsschulen gerade der Psychologie sprechen von Triebstrukturen. Wie verhalten diese sich zu Begierde und Begehren in Girardscher Fassung? Wenn das Begehren nur gesellschaftlich bedingt ist, also erst geschaffen und nicht vorgegeben, wodurch ist es dann entstanden oder entsteht immer wieder neu? Ist es die einzige soziale Grunddimension, auf die sich alle anderen zurückführen lassen? Ohne Frage sind Liebe und Reproduktionswünsche *auch* zwischenmenschliche Kategorien. Ebenso fraglos aber können sie nicht von dem psychischen »Haushalt« oder dem Innenleben eines Menschen getrennt werden.

Girard versteht seine mimetische Theorie offenbar auch als Kritik an Denkschulen, die den Menschen in seinem Streben nach Autonomie definieren. Ist diese Entgegensetzung oder Polarisierung überhaupt vernünftig? So wichtig es erscheint, den Aspekt der Nachahmung in Geschichte, Kultur und Gesellschaft auszureizen und in seiner Bedeutung zu diskutieren oder zu verorten, so zweifelhaft wäre seine Verabsolutierung. Kein menschliches Dasein und keine Gesellschaft ist vorstellbar ohne ein Lernen, das in vieler Hinsicht Elemente der Nachahmung, Aneignung, Übernahme von Wissen, Praktiken, Riten und Routinen beinhaltet. Die Sprache ist das beste und vielleicht das anschaulichste Beispiel. Doch werden über sie ebenso Fähigkeiten zur Selbstständigkeit und Autonomie erworben. In ihrer Entwicklung übernehmen (nachahmen) junge Menschen Fertigkeiten, interpretieren sie neu und verwenden sie zur Untermalung und Stärkung des Selbst, des eigenen Standpunktes. Ein Beispiel, das sich wirklich ereignet hat: Ein dreijähriger Sohn will etwas tun, mit dem die Mutter nicht einverstanden ist. Die beiden reden miteinander. Sie sagt: »Schau, ich würde das jetzt an *Deiner* Stelle nicht machen, weil ...«. Der Junge antwortet: »Nein, Mama, ich an *meiner* Stelle aber möchte das jetzt tun ...«. Nachahmung und Selbstständigkeit greifen hier ineinander. Im Übrigen mag es auch konkurrierende Nachahmungswünsche geben, die Entscheidungen ermöglichen und erfordern. Es erscheint jedoch fragwürdig, menschliche oder gesellschaftliche Leben auf die Mimesis zu reduzieren.

Ein weiterer Punkt: Im privaten wie im öffentlichen Bereich, in allen historischen Epochen wie in der Gegenwart hat die Konstruktion von Sündenböcken in der Begründung, der Legitimierung oder Erschütterung von Herrschaft ihren Platz. Es stellt sich dennoch die Frage, ob sie der alleinige oder der Hauptmechanismus in der Schaffung, Regulierung - mitunter auch durch Disziplinierungen - von Herrschaft ist. Im Verhältnis der Geschlechter haben durch die gesamte Geschichte hindurch auch Muster eine Rolle gespielt, die sich nicht mit dieser Denkweise fangen lassen. Oder aber: In Stammesverbänden mögen ebenso wie in hochmodernen Gesellschaften funktionale Erfordernisse regulierend wirken, Aufgaben zuteilen und Herrschaft begründen, die sich kaum vom *Sündenbockmechanismus* ableiten lassen. Girard denkt Mimesis als anthropologische Konstante und beachtet nicht, dass Konkurrenz auch ein historisches Phänomen ist. Der Girardsche Ansatz öffnet zwar den Blick auf wichtige Phänomene, birgt aber auch die Gefahr, die Differenziertheit, die er für sich selbst beansprucht, aus dem Blick zu verlieren.

Girard sieht in der christlichen Religion die Lösung der Grundkonflikte. Als persönliches Bekenntnis ist dies zu respektieren. Als wissenschaftliche Aussage ist Widerspruch angebracht. Für denjenigen, der die Glaubensprämisse nicht teilt, ist das Gebot der Versöhnung und Feindesliebe keine Eingebung von »oben«, von Gott, sondern ein Produkt menschlichen Denkens. Der Ausweg kommt nicht von außen, sondern, wenn er überhaupt möglich ist, von denen selbst, die die Missstände und Krisen hervorgerufen haben. Wenn Religion das Ziel verfolgt, Frieden zu stiften, darf sie ihr Heilsversprechen nicht absolut setzen und sich anderen gegenüber als überlegen proklamieren. Würde sie das tun, verfiele sie einem Zirkelschluss, der wiederum Sündenböcke schaffen müsste, was nicht in Girards Intention liegen kann. Wer die Gefahren der Mimesis bändigen und die fatalen Mechanismen von Zwang und Unterdrückung durchbrechen möchte, muss sich einer Toleranz verpflichten, die nur eines nicht toleriert: Gewalt.

Dokumentarischer Anhang – Girards Theorie aus seiner eigenen Sicht

Auszüge aus Battling to the End (2010)

S. IX-XI

Until now, my entire work has been presented as a discussion of archaic religion through comparative anthropology. Its goal was to shed light on what is known as the process of hominization [process of becoming human], the fascinating passage from animality to humanity that occurred thousands of years ago. My hypothesis is mimetic: because humans imitate one another more than animals, they have had to find a means of dealing with contagious similarity, which could lead to the pure and simple disappearance of their society. The mechanism that reintroduces difference into a situation in which everyone has come to resemble everyone else is sacrifice. Humanity results from sacrifice; we are thus the children of religion. What I call after Freud the founding murder, in other words, the immolation of a sacrificial victim that is both guilty of disorder and able to restore order, is constantly re-enacted in the rituals at the origin of our institutions. Since the dawn of humanity, millions of innocent victims have been killed in this way in order to enable their fellow humans to live together, or at least not to destroy one another. This is the implacable logic of the sacred, which myths dissimulate less and less as humans become increasingly self-aware. The decisive point in this evolution is Christian revelation, a kind of divine expiation in which God through his Son could be seen as asking for forgiveness from humans for having revealed the mechanisms of their violence so late. Rituals had slowly educated them; from then on, humans had to do without.

Christianity demystifies religion. Demystification, which is good in the absolute, has proven bad in the relative, for we were not prepared to shoulder its consequences. We are not Christian enough. The paradox can be put in a different way: Christianity is the only religion that has been foreseen its own failure. The prescience is known as the apocalypse. Indeed, it is in the apocalyptic texts that the word of God is most forceful, repudiating mistakes that are entirely the fault of humans, who are less and less inclined to acknowledge the mechanisms of their violence. The longer we persist in our error, the stronger God's voice will emerge from the devastation. This is why no one wants to read the apocalyptic texts that abound in the Synoptic Gospels and Pauline Epistles. This is also why no one wants to recognize that these texts rise up before us because we have disregarded Revelation. Once in our history *the truth about the identity of all humans* was spoken, and no one wanted to hear it; instead we hang ever more frantically onto our false differences.

Two world wars, the invention of the atomic bomb, several genocides, and an imminent ecological disaster have not sufficed to convince humanity, and Christians above all, that the apocalyptic texts might not be predictions but certainly do concern the disaster that is underway. What needs to be done to them a hearing? I have been accused of repeating myself too often, of turning my theory into a fetish, of using it to explain everything. Yet it has described mechanisms that recent discoveries in neuroscience confirm: imitation is the initial and essential means of learning; it is not something acquired later on. We can escape mimetism only by understanding only by understanding the laws that govern it. Only by understanding the dangers of imitation can we conceive of authentic identification with the Other. However, we are becoming aware of the primacy of moral relationship at the very time when the atomization of humanity is being realized, and when violence has increased in intensity and unpredictability.

Today, violence has been unleashed across the whole world, creating what the apocalyptic texts predicted: confusion between disasters caused by nature and those caused by humans, between the natural and the man-made: global warming and rising waters are no longer metaphors today. Violence, which produced the sacred, no longer produces anything but itself. I am not the one repeating myself: reality is the beginning to resemble a truth that was not invented, since it was described 2000 years ago. The fact that reality now confirms this truth is what our unhealthy obsession with contradiction and innovation neither can nor wants to understand. The paradox is that by always getting closer to Alpha, we are going towards Omega; that by better understanding the origin we can see every day a little better that the origin is coming closer. The fetters put in place by the founding murder but unshackled by the Passion, are now liberating planet-wide violence, and we cannot refasten the bindings because we now know that scapegoats are innocent. The Passion unveiled the sacrificial origin of humanity once and for all. It dismantled the sacred and revealed its violence.

...

S. 216-217

I have come to a crucial point: that of a profession of faith, more than a strategic treatise, unless both are mysteriously equivalent in the essential war that truth wages against violence. I have always been utterly convinced that violence belongs to a form of corrupted sacred, intensified by Christ's action when he placed himself at the heart of the sacrificial system. Satan is the other name of the escalation to extremes. What Hölderlin glimpsed was that the Passion has radically altered the archaic world. Satanic violence has long reacted against holiness, which is an essential transformation of ancient religion.

It is thus that God revealed himself in his Son, that religion was confirmed once and for all, thereby changing the course of human history. Inversely, the escalation to extremes reveals the power of this divine intervention. Divinity has appeared and it is more reliable than all the earlier theophanies, but no one wants to see it. Humanity is more than ever the author of its own fall because it has become able to destroy its world. With respect to Christianity, this is not just an ordinary moral condemnation, but an unavoidable anthropological observation. Therefore we have to wake up our sleeping consciences. Seeking to comfort is always to contribute to the worst.

LITERATUR, DIE IN BESONDERER WEISE ZUM EINSTIEG IN DIE THEMATIK GEEIGNET IST

Girard, René
Battling to the End. Conversations with Benoît Chantre. Studies in violence, mimesis and, culture. Translated by Mary Baker. Michigan State University Press 2010.

Girard, René
Das Ende der Gewalt. Analyse des Menschheitsverhängnisses. Erkundungen zu Mimesis und Gewalt mit Jean-Michel Oughourlian und Guy Lefort. Freiburg 2009.

Girard, René
Das Heilige und die Gewalt. Frankfurt/Main 1994.

Girard, René
Figuren des Begehrens. Das Selbst und der Andere in der fiktionalen Realität. Münster 1999.

Girard, René
The Girard Reader. Edited by James G. Williams. New York 1996.

Fleming, Chris, René Girard
Violence and Mimesis. Cambridge 2004.

Kirwan, Michael
Discovering Girard. London 2004.

Palaver, Wolfgang
René Girards mimetische Theorie. Im Kontext kulturtheoretischer und gesellschaftspolitischer Fragen. München 2008.

Literatur

Ackerman, Robert
The Myth and Ritual School. J. G. Frazer and the Cambridge Ritualists. New York 1991.

Aristoteles
Hauptwerke. Ausgewählt, übersetzt und eingeleitet von Wilhelm Nestle. Leipzig 1938.

Aristoteles
Poetik. Übersetzt und erläutert von Arbogast Schmitt. Berlin 2008.

Baecker, Dirk; Dievernich, Frank E. P.; Schmidt, Thorsten (Hrsg.)
Strategien der Organisation. Ressourcen. Strukturen. Kompetenzen. Wiesbaden 2004.

Bailie, Gil
Violence Unveiled. Humanity at the Crossroads. New York 1995.

Bible
Authorized King James Version. Edited by Robert Carroll and Stephen Prickett. Oxford (2. ed.) 1998.

Buschmann, Nikolaus; Langewiesche, Dieter (Hrsg.)
Der Krieg in den Gründungsmythen europäischer Nationen und der USA. Frankfurt/Main 2003.

Camus, Albert
Der Fremde. Reinbek 2010.

Cervantes, Miguel de
Don Quijote. München 2006.

Clausewitz, Carl von
Vom Kriege. Als Handbuch bearbeitet und mit einem Essay »Zum Verständnis des Werkes« herausgegeben von Wolfgang Pickert und Wilhelm Ritter von Schramm. Hamburg 2011.

Dieckmann, Bernhard
Das Opfer – aktuelle Kontroversen. Religions-politischer Diskurs im Kontext der mimetischen Theorie. Deutsch-Italienische Fachtagung der Guardini Stiftung in der Villa Vigoni 18.-22. Oktober 1999. Münster 2001.

Dieckmann, Bernhard
Judas als Sündenbock. Eine verhängnisvolle Geschichte von Angst und Vergeltung. München 1991.

Dostojewski, Fjodor Michailowitsch
Die Brüder Karamasoff (in der Übersetzung von E. K. Rahsin). München (2.Aufl.) 2008.

Dostojewski, Fjodor Michailowitsch
Die Dämonen (in der Übersetzung von E. K. Rahsin). München (2.Aufl.) 2008.

Dostojewski, Fjodor Michailowitsch
Der Doppelgänger (in der Übersetzung von E. K. Rahsin). München (2.Aufl.) 2008.

Dostojewski, Fjodor Michailowitsch
Der Idiot (in der Übersetzung von E. K. Rahsin). München (2.Aufl.) 2008.

Dostojewski, Fjodor Michailowitsch
Der Jüngling (in der Übersetzung von E. K. Rahsin). München (2.Aufl.) 2008.

Düssel, Reinhard, Edel, Geert, Schödlbauer, Ulrich (Hrsg.)
Die Macht der Differenzen. Beiträge zur Hermeneutik der Kultur. Heidelberg 2001.

Flaubert, Gustave
Madame Bovary. Paris 2007.

Fleming, Chris
René Girard. Violence and Mimesis. Cambridge 2004.

Gans, Eric
Originary Thinking. Elements of Generative Anthropology. Stanford 1993.

Gardner, Jane F.
Römische Mythen. Stuttgart 2002.

Gebauer, Gunter; Wulf, Christoph
Mimetische Weltzugänge. Soziales Handeln, Rituale und Spiele, ästhetische Produktionen. Stuttgart 2003.

Girard, René
A Theatre of Envy. William Shakespeare. Oxford 1991.

Girard, René
Ausstoßung und Verfolgung. Eine historische Theorie des Sündenbocks. Frankfurt/Main 1992.

Girard, René
Battling to the End. Conversations with Benoît Chantre. Studies in violence, mimesis and, culture. Translated by Mary Baker. Michigan State University Press 2010.

Girard, René
Das Ende der Gewalt. Analyse des Menschheitsverhängnisses. Erkundungen zu Mimesis und Gewalt mit Jean-Michel Oughourlian und Guy Lefort. Freiburg 2009.

Girard, René
Das Heilige und die Gewalt. Frankfurt/Main 1994.

Girard, René
Deceit, Desire and the Novel. Self and Other in Literary Structure. Baltimore 1965.

Girard, René
Die verkannte Stimme des Realen. Eine Theorie archaischer und moderner Mythen. München 2005.

Girard, René
Der Sündenbock. Zürich 1988.

Girard, René
Evolution and Conversion. Dialogues on the Origins of Culture. London 2010.

Girard, René
Figuren des Begehrens. Das Selbst und der Andere in der fiktionalen Realität. Münster 1999.

Girard, René
Generative Scapegoating. Violent Origins. Ritual Killing and Cultural Formation. Stanford 1987.

Girard, René
Gewalt und Religion. Ursache und Wirkung? Herausgegeben von Wolfgang Palaver. Berlin 2010.

Girard, René
Ich sah den Satan vom Himmel fallen wie einen Blitz. Eine kritische Apologie des Christentums. München 2002.

Girard, René
Mimesis and Theory. Essays on Literature and Criticism 1953-2005. Edited by Robert Doran. Stanford 2008.

Girard, René
The Girard Reader. Edited by James G. Williams. New York 1996.

Girard, René
Things Hidden Since the Foundation of the World. London 1987.

Girard, René
»To double business bound«. Essays on Literature, Mimesis, and Anthropology. Baltimore 1978.

Girard, René
Wenn all das beginnt ... Ein Gespräch mit Michel Treguer. Thaur 1997.

Girard, René
Wissenschaft und christlicher Glaube. Tübingen 2007.

Girard, René; Vattimo, Gianni
Christentum und Relativismus. Freiburg 2008.

Goodhart, Sandor et al.
For René Girard. Essays in Friendship and truth. East Lansing 2009.

Goslan, Richard J.
René Girard and Myth. An Introduction. New York 1993.

Hobbes, Thomas
Leviathan. Frankfurt/Main 1984.

Julien, Jacques
Mouvements du croire. Montréal 2001.

Kamper, Dietmar; Wulf, Christoph (Hrsg.)
Das Heilige. Seine Spur in der Moderne. Frankfurt/Main 1987.

Kimmich, Dorothee; Schahadat, Schamma; Hauschild, Thomas (Hrsg.)
Kulturtheorie. Bielefeld 2010.

Kirwan, Michael
Discovering Girard. London 2004.

Kirwan, Michael
Girard and Theology. London 2009.

Moebius, Stefan; Quadflieg, Dirk (Hrsg.)
Kultur. Theorien der Gegenwart. 2. erweiterte und aktualisierte Auflage. Wiesbaden 2011.

Müller-Funk, Wolfgang
Die Kultur und ihre Narrative. Eine Einführung. Wien 2008.

Negel, Joachim
Ambivalentes Opfer. Studien zur Symbolik, Dialektik und Aporetik eines theologischen Fundamentalbegriffs. Paderborn 2005.

Niewiadomski, Josef; Palaver, Wolfgang (Hrsg.)
Vom Fluch und Segen der Sündenböcke. Raymund Schwager zum 60. Geburtstag. Thaur 1995.

Nigro, August J.
The Net of Nemesis. Studies in Tragic Bond/age. Cranbury 2000.

Oelmüller, Wolfgang (Hrsg.)
Worüber man nicht schweigen kann. Neue Diskussionen zur Theodizeefrage. München 1992.

Palaver, Wolfgang
René Girards mimetische Theorie. Im Kontext kulturtheoretischer und gesellschaftspolitischer Fragen. München 2008.

Platon
Der Staat. Politeia. Düsseldorf 2000.

Proust, Marcel
Auf der Suche nach der verlorenen Zeit. Ausgabe in 10 Bänden. Frankfurt/Main 1979.

Schneider, Wolfgang L.
Grundlagen der soziologischen Theorie. Band 3. Sinnverstehen und Intersubjektivität – Hermeneutik, funktionale Analyse, Konversationsanalyse und Systemtheorie. Wiesbaden 2004.

Schwager, Raymund
Brauchen wir einen Sündenbock? Gewalt und Erlösung in den biblischen Schriften. München 1978.

Sicard, Marie-Claude
Les ressorts cachés du désir. Trois issues à la crise des marques. Paris 2005.

Sophokles
Tragödien. Antigone – König Ödipus – Ödipus auf Kolonos. München 1956.

Stendhal
Rot und Schwarz. Zürich (7. Aufl.) 1981.

Stern, Jane; Stern, Michael
Jane & Michael Stern's Encyclopedia of POP Culture. An A to Z Guide of Who's Who and What's What, from Aerobics and Bubble Gum to Valleys of the Doll. New York 1992.

Vollmer, Thomas
Das Heilige und das Opfer. Zur Soziologie religiöser Heilslehre, Gewalt(losigkeit) und Gemeinschaftsbildung. Wiesbaden 2009.

Vöhler, Martin; Seidensticker, Bernd (Hrsg.)
Mythenkorrekturen. Zu einer paradoxalen Form der Mythenrezeption. Berlin 2005.

Wulf, Christoph; Zirfas, Jörg (Hrsg.)
Die Kultur des Rituals. Inszenierungen. Praktiken. Symbole. München 2004.

Zaiser, Rainer (Hrsg.)
Literaturtheorie und sciences humaines. Frankreichs Beitrag zur Methodik der Literaturwissenschaft. Berlin 2008.

Zangerle, Simon
Das Begehren als Ursprung der Gewalt. Kontroverse Positionen zwischen René Girard und Sigmund Freud. Saarbrücken 2008.

Zitierte Artikel, Gespräche und Interviews mit/von René Girard:

Doran, Robert; Girard, René
Apocalyptic Thinking after 9/11. An Interview with René Girard. in: SubStance, Issue 115, (Volume 37, Number 1) 2008, pp. 20-32 (Article).

Girard, René
Gewalt und Gegenseitigkeit. In: Sinn und Form. Beiträge zur Literatur. 54. Jg. (2002) Heft 4, S. 437-454.

Girard, René
Interview mit Henry Tincq, *Le Monde*, 6. November 2001.

Girard, René; Adams, Rebecca
Violence, Difference, Mimesis. A conversation with René Girard. In: Religion & Literature, Vol. 25, No. 2 (Summer 1993), pp. 11-33.

Girard, René; Jakob, Michael
Gespräch. In: Jakob, Michael: Aussichten des Denkens. München 1994, S. 155-176.

Zeitschriften, Artikel/Aufsätze und Online-Publikationen:

Brining, Andrew
Commercial Culture. Michael Jordan's Other Legacy.
June 10, 2009.
Link: http://bleacherreport.com/articles/196759-michael-jordans-other-legacy [13.04.2011]

Cantalamessa, Raniero
Selig, die Frieden stiften. Zweite Adventspredigt 2006 vor dem Papst und dessen Mitarbeitern in der Römischen Kurie., in: Zenit, 22.12.2006.

Cantalamessa, Raniero
Wir haben einen erhabenen Hohenpriester. Karfreitagspredigt 2010 in der vatikanischen Basilika., in: Zenit, 02.04.2010.

Davis, Charles
Sacrifice and Violence. New perspectives in the Theory of Religion from René Girard. In: New Blackfriars 70, (1989), pp. 311-328.

Gallagher, Eugene V.
Review [untitled]. In: Journal of the American Academy of Religion, Vol. 56, No.4, (Winter 1998), S. 788-790.
Link: http://www.jstor.org/stable/1464474 [20.01.2011]

Gardels, Nathan
Interview mit René Girard. Das Christentum ist allen anderen Religionen überlegen. In: Welt Online vom 14.05.2005.
Link: http://www.welt.de/print-welt/article670569/Das_Christentum_ist_allen_anderen_Religionen_ueberlegen.html [05.04.2011]

Gilgen, Peter
Book Review: Gans, Eric, Originary Thinking. Elements of Generative Anthropology. Stanford 1993. In: SEHR, Volume 4, Issue 2 (04.06.1995).
Link: http://www.stanford.edu/group/SHR/4-2/text/gilgengans.html [15.02.2011]

Gans, Eric
Chronicles of Love and Resentment. External and Internal Mediation. In: Anthropoetics, No. 116, Saturday, November 8, 1997.
Link: http://www.anthropoetics.ucla.edu/views/vw116.htm [09.02.2011]

Hamerton-Kelly, Robert
Reason and Violence in Girards Mimetic Theory. The Anthropology of the Cross. Stanford 05/04/2009.
Link: http://www.hamerton-kelly.com/talks/Anthropology_of_the_Cross.html [31.03.2011]

Haven, Cynthia
History is a test. Mankind is failing it. René Girard scrutinizes the human condition from creation to apocalypse. Stanford Magazine July/August 2009.
Link: http://www.stanfordalumni.org/news/magazine/2009/julaug/features/girard.html [24.12.2010]

Haven, Cynthia
René Girard. Stanford's provocative immortel is a one-man institution. Stanford Report, June 11, 2008.

Lévy, Élisabeth
[Interview avec René Girard:] »La guerre est partout«. In: Le Point, 18.10.2007.
Link: http://www.lepoint.fr/actualites-chroniques/2007-10-18/rene-girard-la-guerre-est-partout/989/0/206070 [20.04.2011]

Lévy, Élisabeth
[Interview with René Girard:] »War is everywhere«. Written by Pierre Murcia (08. März 2010).
Link: http://www.rene-girard.com/rene-girard-war-is-everywhere [04.04.2011]

Lipps, Jonathan
The Dark Knight and René Girard. ReCreation, July 28, 2008.
Link: http://www.jonathanlipps.com/blog/2008/07/the-dark-knight-and-rene-girard/ [27.01.2011]

Palaver, Wolfgang
Ende oder Transformation des Opfers. René Girards Ringen um eine Opfertheorie. In: Bibel und Kirche - Organ der Katholischen Bibelwerke in Deutschland, Österreich und der Schweiz, 64. Jg. (2009) 3. Quartal, Seite 173-178.

Pommier, René
Un allumé qui se prend pour un phare. Paris 2010.
Link: http://rene.pommier.free.fr/girard07.html [09.03.2011]

Rovell, Darren
Be Like Mike. An excerpt from the new book »First In Thirst. How Gatorade Turned The Science of Sweat into a Cultural Phenomenon.«
Link: http://authorviews.com/authors/rovell/rovell-obd.htm [16.07.2012].

Schmidt-Klingenberg, Michael, Koelbl, Susanne
Der Sündenbock hat ausgedient. Der Anthropologe und Religionswissenschaftler René Girard über archaische Rituale und Gewalt in der Gesellschaft. In: Der Spiegel, No. 35, 2007
S. 112-115.

Türcke, Christoph
Die verkannte Stimme des Realen. Der Mythenforscher René Girard. In: Merkur, Deutsche Zeitschrift für europäisches Denken. 60. Jg. (2006) Heft 5, S. 444-448.

Interviews (Audio)[299]:

A conversation with Professor René Girard about his theory of mimetic desire, Entitled Opinions (about Life and Literature) by Robert Harrison, Stanford University, September 17th, 2005.
Link: http://french-italian.stanford.edu/opinions/ [09.02.2011]

A conversation with Professor René Girard about ritual, myth and religion, Entitled Opinions (about Life and Literature) by Robert Harrison, Stanford University, October 5th, 2005.
Link: http://french-italian.stanford.edu/opinions/ [09.02.2011]

Insights with René Girard, Uncommon Knowledge, Interview by Peter Robinson, Hoover Institution, 2009.
Link: http://www.hoover.org/multimedia/uncommon-knowledge/26717 [09.02.2011].

Interview with René Girard, Imitatio Conference 2008.
Link: http://wn.com/Imitatio_Conference_2008_Rene_Girard_on_Mimetic_Desire [09.02.2011]

La pensée de René Girard et sa modernité, Michel Serres, 2007.
Link: http://radiokilledthevideostar.wordpress.com/2010/02/22/michel-serres-la-pensee-de-rene-girard-et-sa-modernite/ [09.02.2011]

---

[299] Anmerkung: teilweise eigens transkribiert.

Nachschlagewerke:

Historisches Wörterbuch der Philosophie. Herausgegeben von Joachim Ritter und Karlfried Gründer. Band 5, Darmstadt 1980.

Herder Lexikon. Griechische und römische Mythologie. Herausgegeben vom Herder Verlag, überarbeitet von Dorothea Coenen. Freiburg (2. Aufl.) 1984.

Foren, Sendungen und Webseiten:

COV&R
Colloquium On Violence & Religion.
Link: http://www.uibk.ac.at/theol/cover/ [14.05.2011]

Metropolis. René Girard. Von den Anfängen der Kultur. Sendung auf Arte vom 10.12.2005.
Link: http://www.arte.tv/de/Kultur-entdecken/metropolis/navigation/ 1061858,CmC=1061848.html [24.01.2011]

The 1970's Pet Rocks Craze
Link: http://petarock.homestead.com/1970craze.html [14.05.2011]

Pet Rock That Made Man A Multi-Millionaire In 6 Months Lives On
Link: http://www.petsdo.com/blog/pet-rock-made-man-multi-millionaire-6-months-lives [14.05.2011]

Bildnachweise:

»René Girard« (Kapitel 2 *Zur Person René Girard*, Seite 14)
René Girard during a colloquium in Paris »End of war and terrorism« (November 26th, 2007)
Link: http://en.wikipedia.org/wiki/File:ReneGirard.JPG [License free] [01.06.2012]

»Michael Jordan« (Kapitel 8.3.1 *Werbung und kulturelle Phänomene durch Nachahmung*, Seite 104)
[Urheber nicht angegeben und nicht ermittelbar, bei berechtigten Ansprüchen bitte an den Verlag wenden] [04.07.2012]
Link: http://www.nbadunks.org/wp-content/uploads/2011/08/Michael-Jordan-wallpaper.jpg [04.07.2012]

»Pet Rocks« (Kapitel 8.3.1 *Werbung und kulturelle Phänomene durch Nachahmung*, Seite 106)
Collage (Einzelnachweise, Namen der Rechteinhaber und Fotografen quer von links nach rechts)

1. Reihe: Johannes Eichwede, 19melissa68 (Flickr-Name), Johannes Eichwede
2. Reihe: Patty Donathan. Danita Jolly, Johannes Eichwede
3. Reihe: Patty Donathan, Patty Donathan, Johannes Eichwede

An dieser Stelle möchte ich mich nochmals bei Patty Donathan (Website: http://petarock.homestead.com/) und den Flickr-Usern Melissa Baldwin (19melissa68) und Danita Jolly (burieundressedblog) für die freundliche Bereitstellung der Fotos bedanken.

Besonderer Dank gilt auch Daniel Liévano (http://www.flickr.com/people/daniellievano/), der sein Bild »Invitation To Imitation« freundlicherweise für das Buchcover zur Verfügung gestellt hat.

Ebenso gilt mein Dank Janna Schmidt, von deren Fotokünsten ich profitieren durfte.

www.ingramcontent.com/pod-product-compliance
Lightning Source LLC
Chambersburg PA
CBHW021712230426
43668CB00008B/806